KB231399

행복한 가정을 위하여

효 경
(孝 經)

朴明用
黃松文 해역

자유문고

머 리 말

　『효경(孝經)』은 공자(孔子)와 그의 제자인 증삼(曾參:
曾子)의 문답 가운데 효(孝)에 관한 부분을 추려 기록한
책이라고 전하여 왔다.
　일설에는 『금문효경(今文孝經)』의 저자는 공자라는 설
도 있고, 공자와 증자의 문답 내용을 다른 문인(門人)이
기록하였다는 설도 있으며, 후세 한나라 때 사람들의 위
작(僞作)이라는 설도 있다.
　『효경』의 가치는 예나 지금이나 변함이 없으나 읽는 사
람들이 시대의 변화에 따라 변했다는 데에 문제가 있다.
　군주사회에서 민주사회로, 농경사회에서 산업사회로,
대가족사회에서 핵가족사회로 변천을 거듭해 오는 동안
효사상의 현대적 해석이 새롭게 뒤따르지 않으면 안 되
는 현실에 처해 있다.
　효(孝)는 곧 덕의 근본이라는 말이 있는가 하면, 효행
은 모든 행실의 근원이라는 말도 있다. 그만큼 효는 사
람이면 누구나를 막론하고 마땅히 행하지 않으면 안 되
는 인간 삶속의 필수 미덕이라 할 수 있다.
　그런데 오늘날의 현실은 어떠한가. 우리 사회에서 효행
(孝行)을 보기 어렵게 되었고 효에 대한 인식마저 빛이
바래져 가고 있는 현실이 아닌가.

효가 사라지게 되면 충(忠)도 있을 수 없고 가정과 사회 질서도 무너지기 마련이다. 위계질서가 무너지게 되면 인의예지(仁義禮智) 또한 빛을 잃게 된다.

임금이 백성을 다스리던 종적(縱的)인 수직사고(垂直思考)에서 벗어나 백성이 주인 노릇을 하는 횡적(橫的)인 수평사고(水平思考)로 생각이 바뀌면서 우리의 전통적인 효사상(孝思想)은 잘 계승(繼承)되지 못한 채 박제된 골동품이 되어 가고 있는 것이 현실이다.

우리의 교육 현실은 또 어떠한가. 마지막 보루가 되어야 할 교육의 내용에, 심지어는 우리의 국민교육헌장에도 마땅히 최우선으로 강조되어야 할 효사상이 들어 있지 않다는 것은 이념의 맹점(盲點)을 단적으로 드러내는 것이다.

효행(孝行)이란 군주시대에만 필요한 것도 아니요, 또 국한되는 것도 아니다. 동서양의 그 어느 시대, 어느 사회를 막론하고 사람 사는 곳에는 반드시 효가 있어야 하고 또 있어 온 것이 사실이다.

시대와 장소에 따라 또는 주창하는 이의 방법에 따라 다양한 형태의 차이는 있어 왔으나 본질적으로 효란 부정될 수는 없는 것으로 부정된 적도 없었다.

이 세상 어떠한 사람을 막론하고 부모에게서 태어나지 않은 사람은 없다. 누구든지 이 땅에 태어나는 순간부터 가족이라는 가정의 구성원이 되고, 국민이라는 국가의 구성원이 되기 마련이다. 여기에 한 가족으로서, 한 국민으로서의 책무가 따르기 마련이다.

부모와 자식간의 사랑과 미덕이 이웃에 대한 사랑으로 발전하면 효(孝)와 순(順)이 사회에 널리 퍼져 사회의 질서가 확립되며, 그 사랑이 국가와 민족에 대한 사랑으로 확대 발전하면 애국(愛國)의 길이 된다.

이러한 우리 고유한 미풍양속은 무절제하게 받아들인 왜풍(倭風), 양풍(洋風)으로 인하여 찢기고 할퀴어져 인성(人性)의 황폐화에 이르렀다. 남의 것이라면 무조건 사재기를 일삼는가 하면, 우리 고유의 것을 업신여기고 천대하는 사대주의사상에 길들여지는 동안에 가정 윤리(倫理)는 파괴되어 갔다.

또 인신매매니 성폭행이니 노부모 학대니 가출 노인이니 현대판 고려장이니 하는 등등의 웃지 못할 비인륜적인 언어를 양산해 놓았다.

이러한 상황을 보고만 있을 것인가. 윤리 도덕이 무너지고 사회의 질서가 문란해지면서 병들지 않은 가정이 없고, 척결되지 않은 먹이사슬로 국가기강이 무너지는데도 우리의 효사상을 케케묵은 구시대의 구도덕이라고 일축하고 외면해 버릴 것인가.

우리는 동양인이다. 아니 옛날 동방예의지국으로서 가졌던 자존심과 긍지를 가지고 가장 아름다운 경로사상(敬老思想)과 충효사상(忠孝思想)을 앙양해야 할 것이다. 물론 여기에는 효의 현대적 해석이 뒤따라야 한다. 효의 본질은 변함이 없겠으나 효도를 행해야 할 인간의 의식과 삶의 형태가 달라졌기 때문이다.

따라서 여기에서는 효의 현대적 해석을 기하기 위해 진력하였다. 본문 뒤에 동서양을 막론하고 옛 선조들의 효에 관한 일화를 본보기로 실어, 옛 효행을 살핌으로써 현대적 효의 의미와 효행의 길을 구하는 근본으로 삼았다.

아무쪼록 이 책이 정신춘궁기(精神春窮期)에 처해 있는 오늘의 우리 가정과 사회와 국가를 건강하게 하는 익모초(益母草)가 되기를 바란다.

 또 이 『효경(孝經)』은 황간(黃侃)의 『효경주소(孝經注疏)』를 원본으로 사용했으며 『사서삼경(四書三經)』과 『여씨춘추』『해동속소학』 등을 참조하였음도 밝혀둔다.

단기 4326(서기 1993)년 6월

차 례

제1장 근본을 열어 이치를 밝히다
(開宗明義章 第一)

"돌아가신 부모에 대하여
정성과 예를 다하고
조상제사를 충심으로
추모하여 받들면
덕(德)이 두터워질 것이다."
『논어』 학이편 '증자(曾子)'

제 1 장 근본을 열어 이치를 밝히다

1. 천하가 다스려지는 이유를 아느냐

공자께서 한가로이 쉬고 있을 때였다. 공자는 곁에 있던 증자 (曾子)를 돌아보고 말씀하셨다.

"삼 (參)아, 선왕 (先王)이 정치를 펴던 시절에는 그에게 지극한 덕과 요도 (要道)가 있어 그것으로써 천하를 다스렸다. 일반 백성들은 이 도에 의해 다투는 일이 없이 화목하게 지냈고, 관리와 백성들은 서로 원망하거나 시기하는 일이 없이 의좋고 평화롭게 지냈다. 너는 그 도를 알고 있느냐?"

증자는 자리에서 일어나 한 발 물러나 예의를 바르게 하고 공손하게 말하였다.

"삼 (參)은 영민 (英敏)하지 못한데 어찌 성인 (聖人)의 도를 알 수 있겠습니까. 부디 그 도 (道)를 가르쳐 주십시오."

▨ 증자는 공자의 많은 제자 가운데 효로써 이름을 남긴 인물이다. 공자의 권유로 『효경 (孝經)』을 저술하였다는 증자는 아버지 증석 (曾晳)을 잘 섬겨 효도의 본보기가 되었다.

증자가 증석(曾晳)을 봉양할 때 식사 때마다 반드시 술과 고기를 마련하였다. 식사가 끝나고 밥상을 치울 때 남은 것이 있으면 반드시 누구에게 줄까를 물었고 혹시 증석이 '남은 것이 있느냐?'고 물으면 반드시 '있습니다.'라고 대답하였다.

이는 다른 사람에게 주고 싶어하는 아버지의 마음까지 받들어 봉양한 것이다.

또한 아버지 증석이 살아있을 때 뿐 아니라 죽고 난 후에도 아버지가 좋아하였던 음식을 먹지 않음으로써 아버지에 대한 존경의 마음을 다하였던 것이다.

그러나 증자의 아들 증원(曾元)은 증자의 효에 미치지 못하였다. 증원이 증자를 봉양할 때도 반드시 식사 때마다 술과 고기를 마련하였다. 그러나 식사가 끝나고 상을 치울 때 남은 것이 있어도 누구를 줄까 묻지 않았고 혹 증자가 '남은 것이 있느냐?'고 물으면 '없습니다.'라고 대답하였다.

그것은 남은 것을 두었다가 나중에 다시 아버지인 증자의 밥상에 올리기 위해서였으니 이는 입과 몸만을 봉양한 것이다.

진정한 효는 부모의 마음까지 봉양한 증자와 같은 효라야 한다고 맹자(孟子)는 말하였다.

『논어(論語)』에 공자가 증자에 대해 평한 글이 있는데 '근면하나 바탕이 둔하여 하는 일이 민첩하지 못하다.'고 하였다. 증자는 자신의 이러한 점을 알아 그 장점을 살리고 단점을 보완하는데 꾸준히 노력하여 학문을 이루었다.

옛날 덕있는 천자에게는 천하를 다스리는데 필요한 지극한 덕과 매우 긴요한 도라 일컫는 정치와 교육의 중핵

(中核)이 있었다. 그것은 도덕에 의해 민족의식을 통일하고 인심을 한 곳으로 귀일시켜 천하의 민심을 순하게 했던 효(孝)였다.

공자는 『중용』에서 '자식이 효도하고 형제가 화락하면 그 부모는 자연적으로 마음을 편안히 누릴 수 있다(父母其順矣乎)'는 말을 하였다.

지극한 덕이요, 도(道)의 요체인 효(孝)가 있어야 천하를 따르게 할 수 있다고 역설하였으며, 사회를 바르게 이끌기 위해서는 먼저 자식이 어버이를 따르는 것부터 시작해야 한다고 단정했던 것이다.

자식이 어버이에게 순종하는 그 효순(孝順)과 마음으로부터 우러나는 공경하는 마음이 있을 때 진정 올바른 효도를 할 수 있으며 부모는 그러한 자식의 진정한 행실에서 기쁨을 느끼고 편안함을 누릴 수 있게 되는 것이다. 그러면 가정이 화목하게 되고 그것이 확대되어 사회의 분위기도 자연히 순화되어 가는 것이다.

회재(晦齋) 이언적(李彥迪 : 1491~1533)이

"자식이 어버이 섬기는 도리는 반드시 공경심으로써 근본을 삼고, 몸 수양과 행실 삼가하는 것을 가장 먼저 해야 한다."

고 하였다.

옛부터 '가화만사성(家和萬事成)'이라는 말이 있다. 화목한 가정에서부터 시작되어 사회의 모든 일이 이루어져 나가는 것으로 공생(共生) 공영(共榮)하는 평화롭고 행복스런 세계가 이루어질 수 있다는 것이다.

신재(愼齋) 주세붕(周世鵬 : 1495~1554)이 그 조카에게 편지로 전하기를

"토질이 부드럽고 비옥하면 풀들이 반드시 무성하는 법

이요, 한 집안이 화목하면 복이 생겨 반드시 번성한다."
고 하였다.

자신의 몸과 마음을 다스리고 진정에서 우러나오는 공
경심과 사랑으로 정성스럽게 어버이를 섬기고 형제가 의
좋게 지내어 한 가정을 화목하게 만드는 것이 모든 사회
의 근본이라는 것이다. 그러한 가정은 크게 번창할 것이
고, 그러한 가정으로 이루어진 사회는 평화롭고 밝은 나
라를 만들어 갈 것이다.

공자가 증자에게 그 도를 알겠느냐고 물은 것은 이러한
효행의 근본 도리를 알아 행하라는 뜻에서 말한 것이다.

　　仲尼居[1]하고 曾子[2] 侍라 子[3]曰 先王有至德要道[4]하여 以順
天下라 民用和睦하고 上下無怨하니 汝知之乎아 曾子避席[5]
曰 參不敏[6]이라 何足以知之리까

1) 仲尼居(중니거) : 중니는 공자(孔子)의 자(字). 성은 공(孔)씨며, 이
　　름은 구(丘). 유학(儒學)의 개조(開祖)이며 춘추전국시대 노(魯)나
　　라의 창평향 추(鄹)읍에서 태어났다. 거(居)는 한가하게 있을 때.
　　한거(閒居)와 동일하다.

2) 曾子(증자) : 공자의 제자이며 이름은 삼(參), 자는 자여(子輿)로 이
　　『효경』의 저자이며 유학(儒學)의 도통을 이어 자사(子思)에게 도를
　　전하여 주었다.

3) 子(자) : 공자를 존칭한 것. 자(子)는 옛부터 남자의 존칭으로 스승
　　을 높여 부르는 말이기도 하다.

4) 先王有至德要道(선왕유지덕요도) : 선왕은 선대의 성왕(聖王)을 뜻하
　　는 것으로 고대 중국의 요순우탕문무(堯舜禹湯文武)들의 성왕을 가
　　리킨다. 지덕은 지극한 덕으로 지극한 선(善)을 가리키고, 요도는
　　인간이 가는 바른 길을 꿰뚫어 가는 것.

5) 避席(피석) : 자리에서 일어서서 한 발자국 후퇴하여 스승의 물음에

대답하는 것을 말한다.

6) 不敏(불민) : 자기를 낮춰 일컫는 것으로 민첩하지 못하여, 또는 우둔하여의 뜻.

중니(仲尼)께서 한가하실 때 증자(曾子)가 모시니라. 자(子)가로되 "선왕께서는 지극한 덕(德)과 요도(要道)를 두시고 그것으로써 천하를 순화시켰다. 백성들은 화목하고 위와 아래는 원망이 없었던 것을 너는 아느냐." 증자가 피석(避席)하고 "삼(參)이 불민하온지라 어찌 그것을 알 수 있겠습니까."하였다.

2. 효도의 시작과 끝은.

공자께서 말씀하셨다.

"대저 효도라는 것은 덕(德)의 근본이며 가르침이 그곳에서부터 비롯되는 것이다. 다시 앉거라. 내 너에게 말해주리라.

사람의 신체와 머리털과 피부는 부모에게서 받은 것이다. 감히 손상시키지 아니하는 것이 효도의 시작이다.

몸을 바르게 세우고 도(道)를 행하여 후세에 좋은 명예를 날려 아버지와 어머니를 세상 사람들이 칭송하도록 만드는 것은 효도의 끝마침이다.

무릇 효도라는 것은 어버이를 섬기는 데에서부터 시작하여 임금을 섬기는 것을 가운데로 하고 자신을 세워 사회에 이바지 하는 것으로 끝마치는 것이다.

『시경(詩經)』 대아(大雅)편에

'그대의 조상을 생각하지 않을 수 없나니

그대는 그 덕을 잘 닦을 것이니라.'

하였다."

▨ 공자(孔子)께서 말한 '효도란 덕의 근본이요, 가르침이 그곳에서부터 비롯된다.'고 한 것은 인류의 근본으로 '인류의 근본이 선 다음 도가 생긴다.'고 한 유자(有子:공자의 제자)의 말이 그것을 대변하고 있다.

우암(尤菴) 송시열(宋時烈 : 1607~1689)은 말하기를

"부모께서 나에게 완전한 몸체를 물려 주시니 이 몸체 안에는 모든 착함이 빠짐없이 갖춰져 있는 것이다. 자식은 한 가지 착함도 분명히 드러내지 못함이 있다면 효도가 아니며, 한 착함도 행하지 못했다면 효도가 아니기 때문에 가슴속에 도사리고 있는 모든 욕망을 깨끗이 씻어 버리고 천도(天道)의 이치를 회복하기 위해 부모가 물려 주신 몸을 항상 청명(淸明)하게 하고 정대(正大)한 위치에 세워야 한다. 이것은 부모가 돌아가신 후라도 조금도 등한히 해서는 안 되며 그런 후라야 부자(父子)의 천륜도 완전하게 이뤘다 하리라."

고 하였다.

효도라는 것은 부모 형제를 사랑하는 것이며 인(仁)의 도는 그곳에서 얻어지는 것이다. 덕(德)이라는 것은 모든 인간 행동의 근본이며 효도의 종합체이기도 하다. 그러므로 근본에 힘써야 한다. 근본에 힘써 근본이 확고해지면 모든 길은 그곳에서 생기며 스스로 이루어지므로 효도를 가리켜 '덕의 근본'이라고 했다.

또 효도를 '가르침이 그곳에서 비롯되는 것'이라고 한 것은 덕성 함양의 중심을 효도에 둔 것으로 인간의 전일(專一)한 덕인 인심(仁心)을 채우기 위해서는 인간 본성(本性)의 발로인 부모 자식간의 사랑에 기본을 두고 효도와 순종을 주입(注入)하는 교육이 필요한 것이다.

또 효도란 인간의 덕을 기르는 근본이라고도 한다. 그러

므로 효도라는 것은 어버이를 사랑하는 마음으로 모든 이웃을 사랑할 수 있는 원동력이 되며, 이 모든 이웃을 사랑할 수 있는 이 마음은 곧 모든 자연계의 만물(萬物)까지도 사랑할 수 있는 사랑으로 확대되고 심화될 수 있다.

이웃에서부터 모든 만물까지 포용할 수 있는 것은 『중용』에서 말하는 '지극한 덕(德)'으로 천하도 포용할 수 있는 길에 이르는 것이다.

이 덕은 가정과 사회에 있어 몸을 조심하고 언행을 바르게 하여 항상 정의를 따라 욕되게 하지 않고, 부모와 가문을 더럽히지 않음으로써 뜻있는 생애로 후세까지 이름을 남겨 부모의 이름까지도 영화롭게 할 수 있는 것으로 이것이 효도를 다한 것이라고 말할 수 있을 것이다.

이 덕(德)을 자연스러운 발로라 할 수 있는 것이다.

사람이란 누구를 막론하고 그가 이 세상에 생존하기 위해서는 생존할 수 있는 여건이 성립되었기 때문에 생존이 가능하게 된 것이다.

이 여건이라는 것이 부모와의 인연이요, 이웃과 사회라고 하는 공동체의 협력이며, 심지어는 저 태양과 공기와 수분과 영양소 등 직접 간접으로 이루 헤아릴 수 없는 여건의 은혜를 입어 생존하게 되어 있는 것이다.

효도나 지극한 덕, 사랑이라고 하는 것은 자기를 존재하게 하여 준 모든 존재, 그 은혜스러운 요소들에 대하여 자연스럽게 돌려주는 행위를 말한다.

이는 가정에 있어 부모를 섬기고 효도하는 것에서부터 사회와 국가, 나아가서는 세계 인류를 위해 기여하는 경지에까지 확대되는 것이다.

공자께서 '효도야말로 덕의 근본'이라고 말씀하신 것은 어버이에게 효도하는 행위가 바로 모든 선행의 기초를 이루는 것이며, 도덕이라고 하는 기원도 효에서 생기는 것이라는 뜻이다.

부모가 자식을 사랑한다면 자식이 부모에게 돌려드리는 것을 미(美)라고 할 수 있다. 자식이 돌려드리는 그 아름다운 미덕, 즉 미적인 행위에 비하여 부모의 자녀에 대한 사랑은 한량이 없는 법이다.

자기 자식을 가져 보고서야 비로소 부모의 마음, 그 사랑을 안다는 것은 그만큼 본능적이면서도 절대적이라는 이야기가 된다. 평소에는 미처 상상조차 할 수 없는 사랑이 체휼을 통해 심정적으로 실감있게 느껴지는 것이다.

이와 같이 부모의 자식에 대한 내리 사랑에 대한 은혜 갚음이 곧 자식의 부모에 대한 효도인 것이다. 또 효도는 부모에 대한 사랑의 은혜 갚음이면서도 자신의 자식에 대한 실제적인 사랑의 심정을 몸소 실천하는 사랑의 전개인 것이다.

그런데 안타깝게도 오늘날의 젊은이들 중에는 천륜(天倫)을 저버린 채 패덕의 길을 걷는 패륜아들이 독버섯처럼 도처에 난무하는 진풍경을 보게 된다. 이것은 그 가정에 효가 없기 때문이다. 자기 멋대로 부모를 버리고 부끄러운 일을 일삼다가 돌이킬 수 없는 타락의 길로 떨어지는 사건들이 야기되고 있는 것이다.

이러한 타락상이 비일비재하게 야기되는 것은 이 사회에서 효를 가르치지 않고 개인주의, 이기주의적인 행동을 일삼게 하는 교육부재의 현실에서 초래된 것이다. 지나친 개인주의, 이기주의가 만연된 사회에서는 지덕(智德)을 갖춘 효자가 나오기 어렵게 되어 있다.

효자나 충신은 자기의 이익을 추구하기 전에 부모 형제나 가정, 사회, 국가를 먼저 생각하는 사람을 말한다.

자기 개인 위주가 아니라 어디까지나 자기와 인연되어 있는 모든 존재를 먼저 생각하기 때문에 상대방 위주라 할 수 있다.

효자는 자기의 이익을 구하기 전에 먼저 부모를 생각하고, 충신은 자기 개인과 가정을 돌보기 전에 임금이나 나라를 먼저 생각하는 사람을 말한다.

효자나 불효자, 충신과 역적, 의인(義人)과 불의인(不義人)은 동격의 인물일 수 있지만 그 방향성은 전혀 다른 상반된 길을 걷게 된다.

효자나 충신은 보다 전체를 위해서, 그리고 불효자나 부패(腐敗)한 사람은 보다 개체적인 사리사욕을 위해서 움직이는 방향성의 차이에서 그 척도(尺度)를 가름할 수 있다.

효(孝)나 충(忠)의 현대적 해석으로서 그 진위를 판별하기 위해서는 이와 같이 상반되는 이중의 목적이라고 하는 방향성을 그 척도로 삼아야 할 것이다.

이 세상은 개인과 가정과 사회와 국가와 세계라고 하는 연대(連帶)로 되어 있다. 개인을 위하면서도 가정을 위하고, 가족 구성원 모두가 좋은 가정을 꾸미기 위해 서로 노력하면서 가정을 존속시키기 위해 사회와 국가를 위해, 나아가 세계 평화를 위해 이바지하는 것이 당연하게 되어 있다.

이는 어느 개인이나 집단이라도 마땅히 행하여야 할 도리로 되어 있다. 어느 국가든 자기 나라만을 위해서는 존재할 수 없게 되어 있다. 국가가 존속하기 위해서는 물론 자국의 이익을 위해 움직여야 하는 동시에 세계 여러 나라와도 공생공영(共生共榮)하기 위해 합목적적인 공동의 노력을 하지 않으면 안 되게 되어 있다.

요즈음 세계적으로 일고 있는 환경보호운동을 보더라도 그렇다. 모든 나라들이 각자의 환경을 보호하고 오염을 줄여 나갈 때 지구 전체의 환경오염이 줄고 깨끗한 환경 속에서 인류가 살아갈 수 있는 것이다. 모든 나라가 자국의 경제 발전과 부(富)만을 위해 환경보호는 뒷전으로 미루고, 다른 나라에서 환경을 보호하면 되겠지, 설마 지구가 모두 오염되지는 않겠지 하고 방심한다면 지구의 환경은 파괴되기 마련이다.

모두가 나서서 함께 환경보호의 노력을 기울일 때 맑은 공기 속에서 건강하게 살아가고 후손들에게도 좋은 지구의 환경을 물려줄 수 있는 것 아닌가.

이는 자신의 나라를 존속시키는 길이요, 세계 여러 나라와 공생하는 일이다.

이렇듯 공생하기 위해 함께 노력해야 할 일은 너무나도 많다. 이는 우리 모두가 지구라는 한 행성(行星)에서 함께 살기 때문이다.

가정이나 사회나 국가, 어느 범주를 막론하고 이러한 이중 목적, 즉 개체 목적과 전체 목적이라고 하는 이중 목적에 순응하는 자와 불응하는 자에 따라서 효자와 불효자, 국가에 봉사하는 자와 국가를 망하게 하는 자, 의인(義人)과 불의인(不義人), 선인(善人)과 악인(惡人)으로 구분된다.

따라서 국가의 부름에 응하기 위해 가정을 버린 사람을 불효자라고 하지 않으며, 세계 인류를 위해 국가, 민족의 범주를 초월하는 이를 반국가적이거나 불의인이라고 말하지 않는다.

개인은 가정을 위하여 효도하고 우애하며 화목을 도모한다. 가정의 구성원들은 그들이 처한 사회나 국가를 위하여 희생적으로 봉사하고 충성하며 자기에게 주어진 의무를 다하여 사명을 완수하도록 되어 있다.

모든 국가 민족은 보다 전체적인 세계 인류를 위하여 기여함으로써 공생공영의 균형있는 조화를 도모하는 것이 원칙인 까닭에, 보다 전체적인 목적을 위하여 희생하고 봉사하여 순국, 순애한 사람의 경우에 있어 피상적으로는 불효나 불충으로 보이는 일을 하였다 할지라도 이를 초월하게 되므로 불효나 불충이라 하지 않을 뿐 아니라 오히려 더 높은 칭송을 받게 된다.

단종(端宗)의 복위를 꾀하다가 형장의 이슬로 사라진 사육신(死六臣)이라던지, 을사보호조약 체결에 반대하여 자결한 민영환(閔泳煥), 헤이그에서 열린 만국평화회의(萬國平和會議)에서 통분하여 자결한 이준 열사, 빼앗긴 나라를 찾기 위해 독립운동을 하다가 순국한 안중근 의사나 윤봉길 의사 등 정의로운 인물들을 가리켜 누가 불효자나 조국을 해친 자라고 하겠는가.

이들은 가정의 범주를 넘어 서서 나라를 위해 희생한 분들이기 때문에 부모와 가족을 위해 가정을 돌보지 못했다 할지라도, 그리고 부모로부터 이어받은 신체를 보존하지 못하였다 할지라도 후세에 영원토록 의로운 이름으로 남아 칭송되기에 효도를 다하였다 할 수 있다.

부모에게 음식을 잘 대접하는 것, 부모의 마음을 편안하게 해드리는 것이 효도임을 모르는 바 아닐 것이다. 또한 천수(天壽)를 다하지 못하고 비참하게 죽음으로써 부모의 마음을 더욱 아프게 한다는 것도 알았을 것이다. 그러나 정의를 위해 용감하게 싸우다 죽음으로써 부모에게 떳떳함을 가문에는 영광을 안겨준 것이다.

인간으로서 또는 국민으로서 가야할 의로운 길을 걸음

으로써 이름을 후세에 남겨 가문과 부모의 이름까지 영
화롭게 드러내는 경우라면 큰 효도가 된다는 지론이다.
　가정의 범주를 넘어 서서 사회와 국가를 위해 희생 봉
사함으로써 부모의 명예까지 드러내 조상이나 가문의 명
예를 오래도록 빛내는 것을 가리켜 공자께서는 큰 효도
라 말씀하셨다.

　　子曰 夫孝 德[1]之本也라 敎[2]之所由生也라 復坐라 吾語汝
하리라 身體髮膚[3]는 受之父母라 不敢毁傷[4]이 孝之始也라 立
身行道하고 揚名於後世하여 以顯父母는 孝之終也라 夫孝는
始於事親하여 中於事君하고 終於立身하니라 大雅[5]云 無念爾
祖니 聿[6]修厥德이라하니라

　1) 德(덕) : 착하고 아름답고 올바르고 거대하며 밝게 빛나고 순일하고
　　　떳떳한 것의 총칭이다. 지극한 덕과도 같다.
　2) 敎(교) : 덕을 닦는 길을 가는 것. 곧 덕을 닦는 길로 인도하는 것.
　3) 身體髮膚(신체발부) : 신은 몸통, 체는 사지(四肢), 발은 몸에 있는
　　　털, 부는 살가죽을 뜻하는 것으로 인간의 몸 전체를 총칭한 것.
　4) 毁傷(훼상) : 몸에 상처를 내거나 불구가 되는 것.
　5) 大雅(대아) : 『시경』의 편명으로 문왕(文王)의 시의 한 부분이다.
　6) 聿(율) : 스스로의 뜻.

　자 가로되 "대저 효도란 덕의 근본이다. 교(敎)로 말미암아
나는 것이다. 다시 앉거라. 내 너에게 말하리라. 신체발부는 부
모에게서 받은 것이다. 감히 훼상시키지 않음으로써 효도가 비롯
된다. 몸을 세우고 도를 행하여 후세에 이름을 떨쳐 부모를 나타
나게 하는 것은 효도의 마침이다. 대저 효도는 어버이를 섬기는
데서 시작하여 임금을 섬기는 것을 가운데로 하고 몸을 세우는
것이 끝마침이니라. 대아에 이르되 '너의 할아버지를 생각하고
스스로 그 덕을 닦아라' 하니라."

제 2 장 천자(天子)의 효도
(天子章 第二)

"아버지가 살아 계시면
그의 뜻을 살피고
아버지가 돌아가셨으면
그의 행동을 살핀다.
그러므로 아버지가 살아계실 때의
행적을 살펴 3년동안
아버지가 행하던 도를
바꾸지 말아야
가히 효자라 할 수 있다."
『논어』 학이편 '공자(孔子)'

제 2 장 천자 (天子)의 효도

I. 부모를 진심으로 사랑하는 사람은

공자께서 말씀하셨다.

"진심으로 자기의 어버이를 사랑하는 천자 (天子 : 지도자)는 감히 남을 미워하는 마음을 갖지 않는다. 진심으로 자기의 양친 (兩親)을 존경할 수 있는 천자는 감히 남을 업신여긴다거나 오만한 태도를 취하지 않는다.

참된 존경과 사랑을 다하여 어버이를 섬기는 사람이 군주가 되면 그 인덕의 가르침이 백성들의 가슴 깊이 스며들어, 백성들은 모두 효도하게 되고 그 감화 (感化)는 온 세상에 미치게 된다. 이것을 가리켜 천자의 효 (孝)라 일컫는 것이다.

『서경 (書經)』여형편 (呂刑篇)에 말하기를 '천자가 덕을 지녀 효를 행하면 그 행실의 감화가 모든 일반 민중에게 미쳐 민중들은 이에 힘입어 천자를 신뢰하고 그의 행실을 본받아 따른다.'고 하였다."

▨ 공자 (孔子)는 이와 같이 천자 (天子)의 효는 덕의 근원이며 가르침이 생성되는 원천임을 설파하였다.

공자는 나라 안에 불효가 많음은 그 나라의 통치자 (統

治者)에게 책임이 있다고 하였다.　효도는 덕의 근원이며, 덕을 이루어가는 극치(極致)로써 이 효도로 세상을 다스리는 자가 바로 천자라고 하였다.

옛날 순(舜)임금은 성질이 사나운 아버지와 간악한 계모 밑에서 여러 번 죽을 고비를 넘기며 지혜로써 살아났으나 아버지나 계모를 원망하거나 미워하지 않았다.

오히려 순임금은 부모의 마음에 드는 자식이 되지 못하는 자신을 원통해 하고 서러워하며 모든 정성을 다해 부모를 모셨다.

순임금의 효도가 천자(天子)인 요(堯)임금의 귀에 들어가 천자의 자리를 물려받게 되었으나 부모의 사랑을 받지 못하고 있는 순임금은 모든 것이 갖추어진 귀한 천자의 자리를 물려받는 것도 좋아하지 않았다.

천자가 된 후에도 계속 정성으로 모시고 극진한 효를 다했다.　마침내 부모가 순임금의 효에 감화되어 부모의 마음이 풀어지고 그 부모가 순임금의 효를 기쁘게 받아들이니 모든 백성이 감화되었다.

그리하여 순임금의 효행을 모든 백성들이 따랐고, 자식의 효행으로 모든 아비된 사람들이 기뻐하니 세상은 잘 다스려지고 태평성대를 누렸다.

'윗물이 맑아야 아랫물도 맑다.'는 말이 여기에 해당된다.　천자가 자기의 부모를 공경하게 되면 백성들도 따라서 자기 부모를 사랑하게 된다.　이는 자기의 부모를 공경할 줄 아는 사람은 남을 미워하거나 천대하지 않는다는 것이다.

최고의 지도자(指導者)가 효로써 본보기를 보이면 바로 밑에서 모시고 있는 사람도 그 행실을 본받아 바람이 불면 풀이 쏠리듯이 스스럼없이 행할 것이다.

또 밑에 있는 관리가 행하면 그것이 사회에 번져 민중도 자동적으로 시키지 않아도 따르는 것이다.

이와 같이 모든 사람이 윗사람을 따라 효를 행하면 풍속이 정화되고 사회는 도덕이 회생되어 명랑한 사회가 이룩될 것이다. 이것은 최고 지도자의 행실에 따라 세상의 풍속이 좋게도 나쁘게도 되는 것을 말한 것이다.

최고 지도자의 행동은 일거수 일투족(一擧手一投足)이 모든 백성에게 영향을 줄 수 있는 것으로 그의 행실의 향방으로 인한 영향은 말할 나위가 있겠는가.

최고 지도자가 부모를 공경하지 않고 사치와 낭비와 방종만을 일삼는다면 그 아래에 있는 관리들이 최고 지도자를 기만하고 또한 지도자와 같은 행동을 할 것이며 그 영향은 백성들로 하여금 윗사람을 공경하지 않고 사치와 낭비를 일삼게 할 것이다.

모든 아랫사람이 윗사람을 공경하지 않는데 윗사람의 명령을 아랫사람이 행하겠는가.

최고 지도자의 명령이 제대로 시행되기 위해서는 지도자의 언행이 일치되어야 한다.

『대학(大學)』에 '요(堯)임금과 순(舜)임금이 백성을 다스리니 백성이 따랐고, 포악한 걸(桀)과 주(紂)가 백성을 다스리니 백성이 따랐다.'는 말이 있다.

세상에서 가장 성군(聖君)으로 알려진 요임금과 순임금의 정치로 인해 백성이 감화되고 따랐다는 말은 인(仁)을 행하고 인(仁)으로써 민중을 다스려 모든 민중은 다스림을 받지 않아도 잘 다스려졌다는 뜻을 웅변한다. 가장 폭군(暴君)으로 알려진 걸왕과 주왕은 자신들의 포악을 즐기는 것으로써 백성을 다스렸다고 하는데, 백성들이 그것을 본받음으로 인하여 온 세상이 혼란하고 폭력이 난무하였다는 것이다. 이러한 혼란한 사회를 만들어 민중의 삶을 고통스럽게 함으로써 원망을 사게 되어 끝내는 몇 백년씩 이어져온 왕실을 멸망시킨 왕이 되었다.

나라의 멸망은 다른 데에 있는 것이 아니요 그 나라 안에 있다고 하였다. 나라가 어지럽고 부패하며, 정신적인 지주가 없이 우왕좌왕하면 외적이 침입하여 그 나라를 멸망시킨다 하였다. 그러므로 지도자의 바른 지도력과 사회의 안정이 있어야만 그 나라는 존속할 수 있게 되는 것이다.

지도자가 바르게 민중을 이끌어 가는 길은 지도자의 언행일치가 중요하다. 지도자의 언행일치가 이루어질 때 민중들은 따르는 것이다. 요임금과 순임금의 언행이 일치되었기에 민중이 따라 태평성세를 이루었고, 걸왕과 주왕이 폭력으로 다스려 민중이 그 폭력을 따라 어지러웠던 것이다.

중요한 것은 지도자의 언행이 어떤 방향으로 이루어지느냐에 달려 있다. 그 언행이 어떠한가에 따라 나라가 발전하고 풍속이 순화되고 존속하느냐, 아니면 나라가 멸망의 위기에 처하고 풍속이 흉흉해 지느냐 하는 갈림길에 서는 것이다.

맹자(孟子)가 말하기를

"임금이 어질면 그 밑의 신하가 어질지 않을 수 없으며, 임금이 의로써 일을 한다면 그 밑의 신하가 의롭게 행동하지 않을 수 없고, 임금이 올바르면 그 밑의 신하가 올바르지 않을 수 없다. 그러니 임금 한 사람만 올바르게 한다면 나라도 안정될 것이다."

라고 하였다.

옛날 농경 사회에서는 가족 구성원 모두가 시간과 공

간을 함께 하였다. 할아버지 할머니와 아버지와 어머니, 형제자매 모두가 다함께 숙식(宿食)을 같이 하였으며, 논이나 밭에 나아가 함께 일하였다.

그러한 사회에서는 어른을 공경하고 형제자매간에 우애하는 일이 생활 속에서 자연스럽게 몸에 밴 삶의 모습이었다. 자식이 부모와 함께 살아가는 그 삶 자체가 효도가 되고 미덕이 되었다.

어른을 모시고 공경하며 사는 그 삶의 자세는 자기 위주가 아니라 상대방 위주였다. 입는 것, 먹는 것, 거처하는 것 모두가 자기 위주가 아니라 부모 위주요, 상대방 위주였다.

효자란 자기를 생각하기 전에 먼저 부모를 생각하는 자를 말한다. 의식주나 건강 등 중요한 관심사는 자기 이전에 먼저 부모를 봉양하고 공경하는 것을 말한 것이다. 반면에 부모야 어떻게 되건 자기만을 생각하는 것, 또는 자기를 먼저 생각하는 이를 가리켜 불효자라 할 수 있다.

옛부터 도치기라는 말이 있다. 가령 먹을 것이 생기면 무조건 자기 입으로 몰아넣는 사람을 가리켜 일컫는 말이다.

부모나 형제나 그 누구도 생각함 없이 자기 배부터 채우고 보는 사람을 가리켜 도치기라고 하는데, 이런 염치도 없고 은혜도 모르며 예의를 차릴 줄 모르는 사람은 효자와는 거리가 먼 사람들이다.

효자란 도치기와는 정반대의 생각을 하고 행동하는 사람을 말한다.

효자란 좋은 음식, 좋은 옷감이 생기면 어버이를 먼저 생각하고 드리게 된다. 이것이 공경하는 것이요, 효도하는 것이다. 하늘같이 한량없이 높고 바다같이 끝없이 깊은 부모의 은혜에 대하여 조금이라도 보답하여 드리고 싶은 효심에서 공경하게 되는 것이다.

옛날 중국 주(周)나라의 문왕(文王)은 아버지 왕계(王季)에게 언제나 아침 일찍, 저녁 잠들기 전에 문안 인사를 올리고 식사량을 살피고 한번 올린 반찬이 다시 상에 올라가지 않도록 살폈다.

왕계가 몸이 불편하여 식사를 제대로 못하면 송구스러워 맛난 음식을 먹지 않고 제대로 식사를 하지 않았다가 왕계가 평상시와 같이 되면 그때서야 정상의 식사를 하고는 했다 한다.

이러한 덕을 갖춘 문왕이기에 많은 나라의 백성들이 문왕의 다스림을 원했고 또 그의 백성되기를 원했다.

무왕(武王) 역시 아버지 문왕의 행실을 보고 배워 문왕이 왕계에게 했던 것 같이 문왕을 섬겼다. 그러므로 오랑캐의 나라에서도 어서 빨리 자신들을 다스려 주기를 바랬던 것이다.

어버이를 진심으로 섬길 줄 아는 이가 지도자가 되는 경우에 그는 반드시 백성들에 대해서도 사랑을 아끼지 않을 것이다. 그러한 지도자에게는 스스로 반성하거나 남을 용서하는 따뜻한 마음이 있기 때문이다.

어버이를 제대로 섬길 줄 아는 사람이 나라의 지도자가 되어 사랑을 베풀게 되면 백성들도 그를 본받아 다툼도 불평도 없이 화동(和同)하는 사회를 이룩해 가게 될 것이다.

'선(善)은 끝이 좋고 악(惡)은 좋은 끝이 없다'는 전래의 말이 있다. 효자 치고 끝이 좋지 않은 사람이 없으며 불효자 치고 잘 되는 종말을 볼 수 없다는 것이다. 이 말은 지도자에게도 적용되는 말이다.

사회나 국가는 바로 그 가정의 확대된 형태로 인격의 단위는 개인이지만 생활의 단위는 가정이다. 이와 같이 기본 단위인 가정이 썩게 되면 그 사회나 국가도 따라서 부패하게 될 것이나 기본인 가정이 믿음과 사랑으로 화목하게 되면 국가 역시 건전하게 발전한다는 것은 더 말할 나위도 없을 것이다.

그러므로 나라의 지도자는 무엇보다도 우선 가정에 있어서의 효라고 하는 덕의 근본을 망각하고서는 나라를 제대로 다스릴 수 없는 것이다.

子曰 愛親者는 不敢惡[1]於人이요 敬親者는 不敢慢[2]於人이라 愛敬盡於事親하여 而德敎加於百姓하고 刑[3]于四海[4]하니 蓋天子[5]之孝也라 甫刑[6]云 一人有慶[7]이면 兆民[8]賴之라하니라

1) 惡(오) : 미워하다.

2) 慢(만) : 깔보다. 거만스럽게 굴다.

3) 刑(형) : 법칙. 본보기.

4) 四海(사해) : 온 천하.

5) 蓋天子(개천자) : 개(蓋)는 발어사. 천자는 중국에서 일컫는 황제.

6) 甫刑(보형) : 『서경』의 편명(篇名)으로 여형(呂刑)이라고도 한다.

7) 一人有慶(일인유경) : 일인(一人)은 천자. 경(慶)은 선(善)과 같다.

8) 兆民(조민) : 억조의 백성. 곧 일반 국민.

자 가로되 "어버이를 사랑하는 자는 감히 사람을 미워하지 아니하고 어버이를 공경하는 자는 감히 사람을 깔보지 아니하나니라. 사랑과 공경으로 어버이를 섬기는 것을 다한다면 덕의 가르침이 백성에게 더하여져 온 천하의 법이 되나니 대저 천자(天子)의 효도니라. 보형(甫刑)에 이르기를 '한 사람이 착함이 있으면 모든 백성이 신뢰하게 된다'고 하였느니라."

제 3 장 제후(諸侯)의 효도
(諸侯章 第三)

자하(子夏)가 효도에 대하여 물으니
공자가 말씀하셨다.
"항상 즐거운 낯으로
부모를 섬기기는 어려운 일이다.
무슨 일이 있을 때
자식이 그 수고를 대신하고
좋은 술과 맛있는 음식이 생기면
부모에게 먼저 대접하는 것만을 가지고
어찌 효도라 할 수 있겠느냐"
『논어』 위정편 '공자'

제 3 장 제후(諸侯)의 효도

I. 높은 자리에 있으면서 거만하지 않으면

"윗자리에 있으면서 교만하지 않으면 지위가 높으면서도 위태롭지 아니하고, 비용을 절약(節約)하고 예법에 따라 행동하면 가득하면서도 넘치지 아니하리라.

지위가 높으면서도 위태롭지 아니한 것은 오래도록 귀(貴)를 지키게 될 것이며, 가득하면서도 넘치지 아니하는 것은 오래도록 부(富)를 지키게 될 것이다.

부(富)와 귀(貴)가 자신을 떠나지 아니하면 그런 다음은 그 사직(社稷)을 보전하고 그 백성을 화평하게 할 수 있으니 이것을 제후(諸侯)의 효도라고 한다.

『시경』에 이르기를

'두려워하고 조심하여

깊은 못에 가까이 다다른듯 하며

얇은 얼음을 밟는듯 하라.'

하였다."

▨ 자신의 몸을 닦고 덕(德) 지니는 것을 중요하게 여기지 않는 사람이 높은 자리에 앉게 되면 자기의 지위를 믿고 자기보다 낮은 계급의 사람을 못살게 굴거나 얕잡

아 보면서 뽐내게 된다. 이러한 사람은 반드시 남의 원한을 사게 된다.

남들과 원한 관계에 처하게 되면 언젠가는 보복을 당하게 되어 그의 존재 위치가 위태롭게 된다.

이러한 인과응보(因果應報)의 진리를 잘 인식하여 몸을 닦고 덕(德)을 쌓게 되면, 높은 지위(地位)에 오르더라도 항상 겸손한 마음을 잃지 않고 사치와 방종과 재물의 축적에 마음을 두지 않고 겸손한 마음으로 아랫사람들을 대하게 되어 그 지위는 결코 위태롭지 않을 것이다.

또한 그 아름다운 이름은 후세까지도 길이 알려져 높이 받듦을 받게 될 것이다.

중국 주(周)나라의 주공(周公)은 아버지 문왕(文王)을 잘 섬긴 효자로 알려져 있다. 또한 그는 형인 무왕(武王)이 위독할 때 하늘에 기도하기를 무왕 대신 자신의 목숨을 앗아가 달라고 할만큼 충성심도 대단했다.

무왕(武王)이 죽고 어린 조카 성왕(成王)이 즉위했을 때는 섭정을 하였다. 그때 막강한 권력을 가지고 있었으나 권력을 남용하여 관리들이나 백성을 괴롭히는 일이 없었다.

성왕이 나이가 들어 직접 나라를 다스리게 되었을 때 노(魯)나라의 제후로 봉함을 받았으나 아들 백금(伯禽)을 대신 보내 다스리게 하고, 백금에게 나라를 다스리는 데 있어 유의할 점을 말했다. '신하들을 업신여기거나, 한 사람에게 모든 능력이 주어지기를 바라지 말고, 덕으로써 다스리라.' 당부하였다.

또 자신은 성왕(成王)의 곁에 남아 성왕을 도움으로써 주(周)왕실의 기초를 튼튼하게 닦는데 일생을 바쳐 성인(聖人)이라 칭송되고 있다.

이것은 좋은 모범으로 부유한 가정에 태어났다 하더라도 남의 반항심을 격화시키는 경거망동한 행동이나 자존심을 건드리는 말과 행동을 함부로 하거나 사치에 빠져서는 안 된다는 것을 일깨워 준 것이다.

아무리 많은 고생을 하여 쌓아올린 부(富)라 할지라도 너무 인색하게 굴거나 터무니 없이 사치와 낭비를 일삼거나 욕심을 지나치게 부려서도 안 될 것이다.

인간은 사회적 동물이라는 말이 있듯이 모든 사람은 나 이외의 많은 다른 사람과 함께 살아가기 때문에 그 한 사람의 행동이 많은 다른 사람에게 많은 영향을 끼칠 수 있다. 특히 권력이나 부(富)를 지닌 사람이라면 더욱 많은 영향을 사회에 끼치게 된다.

그러므로 지나치게 욕심을 부려 재물을 탈취한다면 패가망신하는 일밖에 없는 것으로 절제해야 할 때 절제하고 삼가해야 할 때 삼가하여 신분과 분수에 맞는 생활을 해야 하며 이렇게 하면 남의 원망이나 손가락질을 받는 일이 없을 것이다.

지금의 부귀를 자식에게 넘겨주어 자식이 남보다 사치스럽고 부유하게 지내기를 바라는 부모는 자식을 사랑하는 것이 아니고 자식의 인생을 망치게 하는 것이 다반사다.

아무런 어려움 없이 지내던 자식은 자신의 부유함이 언제까지나 이어질 줄 알고, 있는 부귀를 당연한 것으로 여기고, 돈과 권력 때문에 자신에게 굽신거리는 사람들을 보고 그 사람들은 당연히 그렇게 해야 하는 것이라 여겨 하찮게 여기게 될 것이다.

그러나 부귀는 영원한 것이 아니기에 아낄 줄 모르고 사치하게 지내다 보면 부모가 남겨준 재산은 어느새 그 손아귀에서 없어지고, 그 동안 써오기만 할 줄 알았지

벌줄도 아낄 줄도 모르던 생활을 갑자기 고칠수도 없어 부모를 원망하게 되는 일이 많다.

그때 가서 그 동안 자신의 밑에서 굽신거리던 사람들이 그를 돌보아주지도 도와주지도 않는다. 그동안 받아온 천대와 멸시를 그 몇 배로 하여 돌려주려 할 것이다.

그러기에 자식을 사랑하는 부모는 자식에게 물고기를 주지 않고, 물고기 잡는 법을 가르쳐 준다지 않는가.

자식을 사랑하지 않는 부모가 어디에 있겠는가. 자신이 부유한데 자식을 고생시키려는 부모는 없을 것이다. 그러나 먼 장래를 위해 자신을 다스리고 그러한 자신의 수신(修身)하는 모습을 자식에게 본보기로 보여주는 것이 진정한 자식 사랑이라 할 수 있다.

부모로서 뿐이 아니라 사회 지도층에 있게 되는 사람에게는 남의 본보기가 될 만한 수신하는 모습이 필요하다.

남을 다스리기 전에 먼저 자기 자신을 다스릴 수 있도록 수신이 되어야 한다.

수신제가치국평천하(修身齊家治國平天下)라 하지 않았는가. 자기의 마음과 몸을 먼저 닦은 다음에 남을 다스릴 수 있고 사회와 국가를 위해 이바지할 수 있는 것이다.

돈을 싣고 가는 당나귀와 풀을 싣고 가는 당나귀의 우화가 있다.

돈을 실은 당나귀는 자기가 많은 돈을 지녔다고 거만하게 뽐내며 가고, 풀을 실은 당나귀는 그저 묵묵히 가고 있었다.

갑자기 어디에선가 강도들이 나타나 돈을 싣고 가던 당나귀를 잡고는 돈을 몽땅 빼앗고 당나귀를 죽여 버렸다. 그러나 풀을 싣고 가던 당나귀는 거들떠 보지도 않고 떠나 그 당나귀는 무사하였다.

돈을 지녔다고 거만하게 뽐내며 다른 당나귀를 업신여기다 자기가 자랑하던 그 돈으로 인해 죽임을 당한 당나귀와 같은 어리석은 사람이 되어서는 안 되겠다는 이야기다.

풀을 실은 당나귀가 겸손하게 자기가 가야할 길을 묵묵히 가듯이 욕심에 사로잡힘 없이 검소하게 살아가면서 바른 삶의 지혜를 밝혀 나가야 하지 않는가.

물론 사람이라면 많은 재산을 지니고 세상을 호령할 만한 권력을 지니기를 바라지 않는 사람이 없을 것이다. 그러나 그 모든 것을 가지려 하는 것은 한갖 바램이다. 인간은 완전할 수 없기에 완전해지려고 노력한다고 하듯이 모든 것을 갖춘 사람은 지금껏 없었다.

재산이 풍부하더라도 행복하지 않을 수 있고, 권력이 많아도 덕이 없어 사람들로부터 존경받지 못할 수 있으며, 가난하고 어렵게 살더라도 행복하고 존경받으며 사는 사람도 있다.

그러므로 재산이 풍부하고 높은 지위에 있는 사람은 특히 자신의 몸을 잘 닦아야 한다.

재산이 풍부하더라도 이를 낭비하거나 탕진하지 않고 사회에 이익되는 곳에 쓰고, 높은 지위에 있더라도 교만하거나 권력을 남용하지 않는다면 현재의 위치를 잃을까 염려하는 일이 없을 것이다.

높은 지위에 있더라도 지위와 명예를 잃는 것에 대한 불안함이 없으면 그 존엄과 영화, 명성이 유지되며, 재물이 풍부하더라도 한도를 넘지 않으면 그 부(富)가 오래도록 지켜지게 된다고 하였다.

또한 높은 자리에 있는 사람은 그 누구보다도 언행을 함부로 하여서는 안 된다. 그의 언어 행동은 나라를 망하게 하거나 흥하게 하는데 있어 많은 영향을 끼치기 때문이다.

윗사람의 언어 행동에 따라 아랫사람의 언행이 달라지기 때문이다.

'하늘의 순리에 따르는 자(順天者)는 존(存)하고, 하늘의 순리를 거스르는 자(逆天者)는 망(亡)한다.'는 말도 음미해 보면 여기에서 크게 벗어나는 말이 아니다.

하늘의 법도에 순응하여 따른다는 말은 세상 이치에 어긋나지 않는다는 말과 다름이 없다. 하늘과 땅의 이치에 어긋나는 일 없이 순리에 따른다는 말은 결국 인간으로서 마땅히 가야할 길, 즉 인지당행지도(人之當行之道)를 걷는다는 뜻이 된다.

인간으로서 마땅히 가야할 길을 걷는 사람은 바로 가정(부모)에 효도하고 나라에 충성(봉사)하는 사람이기 때문에 사회에 이바지하는 사람으로서 이 세상을 사랑하는 사람이라 할 수 있다.

이러한 사람은 자기 자신에게 엄격한 동시에 남에게는 관용하는 사람이다.

오늘날 많은 사람들에게서 이와는 반대로 자기 자신에게는 관대하면서 남에게는 관대하지 못한 경우를 흔히 보게 된다.

서구의 개인주의가 만연하게 된 오늘의 우리 사회에서 자기 중심적이며 이기적인 사고방식에서 벗어나지 못하기 때문이다.

나라를 다스리는 정치 지도자건 학문(學問)을 닦는 학자건간에 자기 자신에게 엄격하고 남에게 너그러우면 명예와 평화가 그의 곁을 떠나지 않을 것이다.

사회 지도자라고 사회에서 존경받는 지위에 있는 사람

이라고 실수나 잘못이 없을 수 없는 것이다. 자신의 잘못을 솔직하게 인정하고 반성하여 고쳐나갈 때, 자신에게 엄격하고 자신의 몸을 닦는 것이다.

옛부터 학자나 지도층의 사람으로서 자신의 잘못을 한사코 숨기고 인정하지 않아 역사적으로 잘못을 저지른 사람이 한 두 사람인가.

수신(修身), 즉 자기의 심신을 다스리지 않고는 가정을 제대로 다스릴 수 없고, 가정을 제대로 다스리지 못하고서는 나라를 제대로 다스릴 수 없다는 논리는 천번 만번 다시 생각해도 타당한 지론이라 아니할 수 없다.

수신도 제가도 제대로 되어 있지 않은 상태에서 나라를 다스리는 일이 제대로 이루어질 수는 없는 노릇이다. 자기의 심신(心身)도 제대로 닦지 못한 사람이 가정을 어찌 제대로 다스릴 수 있으며, 가정도 제대로 다스리지 못하는 사람이 나라인들 어떻게 다스릴 수 있을 것인가.

지도층 인사들이 먼저 부정부패를 척결하고 올바른 나라 사랑으로 자신을 무장하고, 부모와 친척 어른들을 잘 모시고, 자식들에게 지도층 어버이를 둔 교만함과 사치낭비가 없도록 경계하여 가정을 바르게 다스린다면 부정부패가 없고 올바르게 정화된 새로운 국가로 거듭나게 될 것이다.

이렇게 지도층 인사들이 새롭게 거듭나게 될 때 우리의 가정과 사회, 국가는 밝아지게 될 것이다.

윗자리에 있으면서 교만하지 아니하면 위태롭지 아니하고, 절약하고 예법을 지키면 가득하면서도 넘치지 아니한다는 말은 오늘날 자기의 분수를 모르고 경거망동하는 사람들이 경청해야 할 교훈적인 잠언(箴言)이 아닐 수 없다.

지위가 높으면서도 위태롭지 아니한 것은 오래도록 귀하게 될 것이며, 가득하면서도 넘치지 아니하는 것은 오래도록 부를 유지하게 될 것이라 하였는데, 이 부귀가 자신을 떠나지 아니하면 사직(국가)을 보전하고 백성을 화평하게 할 수 있으니, 이러한 경우를 가리켜 제후(諸侯), 즉 나라를 다스리는 지도자의 효도라 하였다.

지위가 높으면서도 위태롭지 아니하고 가득하면서도 넘치지 아니하는 이 부귀의 지혜를 언제 어느 때의 지도자라도 교훈적인 잠언(箴言)으로 삼아야 할 것이다.

在上[1]不驕면 高而不危요 制節謹度[2]면 滿而不溢이라 高而不危는 所以長守貴也요 滿而不溢은 所以長守富也라 富貴不離其身이면 然後能保其社稷[3]이 而和其民人이니 蓋諸侯[4]之孝也라 詩[5]云 戰戰兢兢[6]하여 如臨深淵이요 如履薄氷이라하니라

1) 在上(재상) : 지도자의 위치에 있는 부호, 귀족, 고관들의 신분.

2) 制節謹度(제절근도) : 제절(制節)은 비용을 절약하고 검소한 것. 근도(謹度)는 몸을 삼가하고 예절을 따르는 행동.

3) 社稷(사직) : 토지의 신에게 제사지내는 것을 사(社), 곡식의 신에게 제사지내는 것을 직(稷)이라 하는데 국가의 조정을 일컫기도 한다.

4) 諸侯(제후) : 봉건시대 천자(天子)가 일정한 지역을 봉토로 주어 그 지역의 인민을 지배하게 하는 지역의 군주를 가리킨다.

5) 詩(시) : 『시경』 소아(小雅) 소민(小旻)편의 일부.

6) 戰戰兢兢(전전긍긍) : 전전은 두려워하고 두려워하는 모양. 긍긍은 조심하고 조심하는 모양.

위에 있으되 거만하지 아니하면 높되 위태하지 아니하고, 절(節)을 제(制)하고 도(度)를 삼가하면 가득하되 넘치지 아니한다.

높되 위태하지 아니한 것은 길이 귀(貴)함을 지키는 것이요, 가득
하되 넘치지 아니한 것은 길이 부(富)한 것을 지키는 것이다. 부
귀가 그 몸을 떠나지 아니하면 그런 연후에 능히 사직을 보존하고
그 인민을 화평하게 할 것이니 대개 제후의 효도니라. 시(詩)에
이르되 전전(戰戰)하며 긍긍(兢兢)하여 깊은 못에 다다른 듯 하며
엷은 얼음을 밟는듯 하라 하니라.

제 4 장 장·차관 (長次官) 의 효도
(卿大夫章 第四)

"부모를 섬기되
부모에게 허물이 있으면
은근히 간해야 한다.
설혹 부모가 나의 뜻을 따르지 않더라도
더욱 부모를 공경하고
부모의 뜻을 어기지 말아야 할 것이며
수고로운 일을 시켜도
원망해서는 안 된다."
『논어』 이인편 '공자'

제 4 장 장·차관(長次官)의 효도

1. 새벽부터 밤까지 한 사람을 섬기는 도리

"선왕(先王)의 법복(法服)이 아니면 감히 입지 아니하고, 선왕의 법언(法言)이 아니면 감히 말하지 아니하며, 선왕의 덕행(德行)이 아니면 감히 행하지 아니한다.

그러므로 법이 아니면 말하지 아니하고, 도(道)가 아니면 행하지 아니하여, 입에서는 가리는 말이 없어도 법도에 맞으며 몸으로 행실을 가려 하는 것이 없어도 법도에 맞는다.

말이 천하에 가득 차더라도 입의 과오(過誤)가 없고, 행동이 온 천하에 가득하더라도 원망(怨望)과 미움이 없게 된다.

이 세 가지가 갖추어진 후에야 능히 그 종묘(宗廟)를 지킬 수 있을 것이다.

이것이 공경(公卿 : 장관)과 대부(大夫 : 차관)들의 행해야 할 효도이다.

『시경』에 이르기를

'새벽부터 밤까지 게으르지 아니하고

한 사람을 섬긴다.'

고 하였다."

▨이 장은 공경과 대부, 곧 지금의 국무총리(國務總理)와 각부 장차관(長次官)의 효도에 대한 설명을 한 것이다.

그들은 관습과 제도를 철저히 지켜 법에 어긋나는 행동을 해서는 안 된다는 것이다.

자신의 신분과 분수에 맞는 옷을 입어야지 그 신분과 분수에 맞지 않는 옷을 입으면 재앙(災殃)이 있다고 하였다.

옛날 중국 정(鄭)나라의 정백(鄭伯)이 자신의 아들 자장(子臧)을 죽였다. 그 원인은 나라에 난이 있어 송(宋)나라로 달아나 피난 생활을 하고 있던 자장이 자신이 처한 상황에 어울리지 않게 화려한 의복을 즐겨 입고, 진귀한 관(冠) 쓰기를 좋아하여 이를 미워한 정백이 아들이지만 나라의 장래를 위해 죽인 것이다.

자장이 나중에 제위를 물려 받으면 사치와 낭비로 나라를 다스릴 것이고 그렇게 되면 정나라의 앞날은 불을 보듯 명백하기에 정백은 결단을 내린 것이다.

『시경』에도 '저 소인배는 그 옷이 어울리지도 않네.'라고 하였다.

임금에게 아부나 하며 벼슬자리만 지키고 그것을 빌미로 부를 축적하여 화려하게만 차리고 다니는 소인배를 풍자한 내용이다.

또한 백성들의 어른이 되어 윗자리에 있는 사람이 항상 해야하는 말은 인의충신(仁義忠信)의 규범이 될 만한 말이 아니면 안 된다고 했다.

무책임한 말을 함부로 해서는 안 되거니와 평소에 항상 경거망동한 행동을 삼가며, 덕행이 아니면 행하지 않는다.

몸에는 알맞은 의복을 착용하여 예의와 질서를 지키고, 법에 어긋나지 않는 말을 함으로써 구설 (口舌)의 화를 입지 아니하며, 올바른 길을 밟는 행동으로써 남으로부터 비난받지 않는다.

신분과 분수에 알맞은 옷을 입고 인의예지충신 (仁義禮智忠信)의 언행으로 움직이고 말하는 모든 것이 법도에 맞고 올바른 도를 따르게 된다면, 그의 입에서 나오는 말은 무슨 말도 법도에 어긋나거나 올바른 도가 아닌 것이 없을 것이요, 그의 행동 하나하나는 곧 규범이며 본보기일 것이다.

그러므로 가려서 말하지 않아도, 가려서 행하지 않아도, 언제 어느 곳에서나 원망과 미움의 대상이 되지 않고 오히려 남들이 우러러 따를 것이다.

모든 사람의 우러름을 받는데 그 가문 (家門)을 지키지 못하고 패가망신 (敗家亡身)할 일이 있겠는가.

이러한 몸가짐으로 지도자를 섬긴다면 그 지도자가 덕이 모자라더라도 계속하여 감화시켜 수양하도록 만들 수 있으며 나라의 혼란과 멸망의 낭떠러지로 가는 길을 막을 수 있을 것이다.

공자 (孔子)는 '나라에 올바른 신하 7명만 있어도 그 나라는 임금이 아무리 무도 (無道)하여도 멸망하지 않을 것이다.'라고 하였다.

이와 비슷한 이야기가 성서 (聖書)에도 나온다. 소돔과 고모라의 타락이 너무도 심하여 하느님이 소돔과 고모라를 멸하려 하니 천사가 의로운 사람들을 불쌍히 여겨 멸망의 재앙을 내리지 않게 하려면 어찌 하여야 하느냐고 물었다.

하느님은 의로운 사람 몇 명만 몇 명만 하면서 단위를

줄여 단 한 사람의 의로운 사람이 있어도 멸하지 않겠다
고 하였다. 그런데 타락한 소돔과 고모라 사람들은 의로
운 사람들을 못살게 굴어 모두 쫓아냈다. 드디어 소돔과
고모라에 살던 의로운 사람들이 타락한 사람들의 박해로
모두 쫓겨나니 소돔과 고모라는 불의 재앙으로 그 모습
이 사라졌다 한다.

시대에 따라 세상이 아무리 변했다 하더라도 성인(聖
人)이 말한 진리는 변함이 없다.

중국 주(周)나라의 창업자인 무왕(武王)이 포악한 은
(殷)나라의 천자 주왕(紂王)을 멸망시키고 천하의 주인
이 되고자 할 때, 주왕과 싸워서 포로 두 명을 사로잡았
다. 그 포로들에게 무왕은 은나라의 요사스러운 점을 물
었는데 한 포로가

"은나라의 가장 요사스러운 일은 자식이 어버이를 무시
하고, 동생이 형을 업신여기며, 아랫사람이 윗사람의 명
령을 따르지 않는 것이 가장 큰 일입니다."

하였다. 이 말을 들은 무왕은 그 포로의 말이 공경할
만한 말이라 하여 포로에게 절하고, 깊이 그 말을 새겨
천하의 주인이 되고 나서도 언제나 명심하였다 한다.

아무리 시대의 변화에 따라 사람들이 변한다 해도 기본
적으로 지켜져야 할 것은 변함이 없다. 그 중에 인간의
욕심에 관한 경계의 말은 특히 중요하다.

높은 지위에 올라 있는 사람이 물질적인 욕심만을 가지
게 되면 자신의 타락은 물론 가정의 파탄, 심지어 나라
까지도 망하게 하는 경우도 있을 수 있다.

입술이 없으면 이가 시리다는 '순망치한(脣亡齒寒)'의
유래도 지나친 욕심에서 비롯된 것이 아닌가.

춘추전국시대 진(晋)나라 헌공(獻公)이 괵(虢)나라를

빼앗고 싶어 했다. 그런데 괵나라를 치려면 반드시 우(虞)나라를 지나야만 하였다. 그리하여 진헌공은 우나라 군주에게 뇌물을 보내며 길을 빌려주기를 청하였다. 우나라 군주는 진헌공이 보내온 뇌물에 흡족하여 길을 빌려주려 하였는데 궁지기(宮之奇)라는 신하가 절대로 길을 빌려주어서는 안 된다고 반대하였다.

궁지기는 괵나라가 진나라의 수중에 들어가면 우나라도 역시 뒤따라 진나라의 속국이 될 것이라며 괵나라가 없는 우나라는 입술 없는 이와 같은 신세가 될 것이라 하였다.

그러나 끝내 우나라 군주는 재물에 눈이 멀어 진헌공의 뇌물을 받고 길을 빌려주었다. 진나라는 괵나라를 공벌하고는 돌아오는 길에 우나라마저 공격하여 진나라의 속국으로 만들어 버렸다.

결국 우나라 군주의 욕심으로 괵나라도 망하고 우나라도 잃었으며, 진헌공으로부터 받은 뇌물도 고스란히 다시 진헌공에게 되돌아 갔다.

작은 재물에 눈이 어두워 큰 이익인 나라를 잃은 것이다.

돈을 사랑하는 것이 모든 악의 근원이 된다는 말도 있거니와 말은 사회의 악이라는 말도 있다. 옛부터 돈과 말에는 마가 따른다는 말도 있다. 그렇기 때문에 공자께서는 법언(法言)이 아니거든 말하지 말라고 하였던 것이다.

돈에는 도둑이 따르고 말에는 마가 따른다. 이는 마음의 상태가 비뚤어져 있을 경우에 파생되는 경우를 두고 하는 말이다.

인간은 누구를 막론하고 욕망을 지니고 있다. 행복하게 살고 싶어하는 것도 욕망이요, 진리를 탐구하는 것도 욕망이다. 아름다움을 추구한다거나 착하게 살고 싶어하는 것도 욕망에서 나온다.

사람이 지닌 바의 욕망 자체를 부정할 도리는 없다. 새가 머리 위로 날아가는 것을 막을 수 없듯이 욕망 그 자체를 막을 수는 없다.

그러나 새가 머리에 내려와 집을 지으려 할 때 쫓을 수는 있듯이 악(惡)으로 가는 욕망을 물리칠 수는 있다.

인간이 본래적으로 지닌 바의 욕망 그 자체는 선도 아니요, 악도 아니다. 그러나 그 욕망이 보다 전체를 위하여 움직이게 될 때 그 방향성은 선이 되고 의(義)가 된다. 그러나 전체를 무시한 채 사리사욕에 치우치게 될 때는 악으로 흐르게 된다.

그러므로 법언(法言)이 아니거든 말하지 말라는 공자의 말씀은 여러 해석이 가능하겠지만 우선 생각할 수 있는 것은 남을 비방하는 말을 하지 말고, 잘난 체하지도 말며, 쓸데없는 소리를 함부로 지껄이지 말라는 뜻일 것이다.

말은 그 사람의 마음의 표현이다. 마음이 맑으면 말이 맑고, 마음이 흐리면 말도 흐리다. 그러므로 말이 조리있다거나 글에 질서가 잡혀있다는 것은 바로 그 사람의 마음이 잡혀있다는 이야기가 된다.

공자께서는 경거망동한 언행을 경계하여 "군자(君子)는 무겁지 않으면 위엄이 없고 학문도 견고하지 못하게 된다."고 하였다.

모든 언어 행동은 마음으로부터 나오는 마음의 나타남이다. 도의 실체로 말해지는 마음의 원상은 형태도 없고 제약도 초월한다. 언제나 있는 듯 없고, 없는 듯 있으면서 변화무쌍하게도 느껴지는 불가사의의 그것은 때에 따라 다양하게 나타나게 된다.

스위스의 격언(格言) 가운데 '말은 꿀벌과 같아 꿀과 침을 가졌다.'는 말이 있는가 하면, 러시아 격언에는 '마음이 장미꽃처럼 아름답다면 향기로운 말을 할 것이다.'라는 말이 있는데, 이는 공자께서 강조한 언행일치(言行一致)와 단적으로 상통되는 말이라 할 수 있다.

말은 마음의 거울이다. 앞에서 이미 말한 바와 같이 마음이 맑으면 말이 맑고 마음이 흐리면 말 역시 흐리다. 마음이 갈피를 잡지 못하고 흩어져 있으면 말 역시 횡설수설하게 되고 중언부언(重言復言)하게 되며 행동 역시 질서를 잃게 되기 마련이다.

옛날의 경과 대부라면 현재의 장차관(長次官)을 가리킨다. 이 장차관과 국장급들은 이 사회의 지도급 인사다. 이 사회의 지도급 인사들이 가정을 다스리고 자신의 몸을 닦아 부모에게 효도하는 것을 몸으로 보여준다면 우리의 사회는 밝아지고 미래는 아름다울 것이다.

이것은 모든 효도란 결국 국가를 위하는데 있다는 것을 뜻하는 것이다.

정암(靜菴) 조광조(趙光祖 : 1482~1519)는

"옛말에 '똑바로 앉아 의복을 바르게 갖추고 있으면 마음은 정결하게 되고 너그럽게 된다.'고 했다. 이 어찌 헛된 말이겠는가. 조정의 높은 벼슬아치들이 만약 검소한 생활을 숭상(崇尙)한다면 선비들은 꼭 따를 것이니, 사치는 높은 지위에 있는 사람들로부터 시작된다 하리라. 평소 모임에서 비록 부호집 자제가 호화로운 의복으로 참석했다 할지라도 반드시 수치스러운 생각이 들어 얼굴을 들 수 없도록 되어 버리는 그런 분위기가 된다면 다행스러운 일로 사람마다 이렇게 하면 사치스러운 풍조가 자연히 없어질 것이다."

라고 하였다.

옛날 경대부에 해당하는 고급 공무원들이 효의 본 뜻을 알고 그것을 충으로써 몸소 실행한다면 우리 사회는 발전할 수 있으리라.

『시경』에서 말한 한 사람이란 현대의 해석으로는 국가를 뜻하기도 한다. 왕조(王朝) 사회에서는 임금을 한 사람으로 지칭했으나 현대 사회에서 국가는 하나이기 때문에 고급 공무원과 장차관이 국가를 위하여 일할 때 그 국가의 앞날은 번영을 거듭하리라 믿는다.

非先王之法服[1]이면 不敢服이요 非先王之法言[2]이면 不敢道[3]요 非先王之德行[4]이면 不敢行이라 是故로 非法不言이요 非道不行이라 口無擇言[5]하고 身無擇行[6]이라 言滿天下無口過[7]하고 行滿天下無怨惡[8]라 三者備矣하여 然後能守其宗廟[9]하나니 蓋卿大夫[10]之孝也라 詩云 夙夜匪懈하여 以事一人이라하니라

1) 先王之法服(선왕지법복) : 선왕(先王)은 고대의 성왕(聖王). 법복(法服)은 옛날 관직에 나아가면 신분에 맞는 예복(禮服)을 가리킴. 지금의 판사나 검사가 입는 법복과 동일한 것.

2) 法言(법언) : 교육이 되는 언어. 법칙이 되는 말.

3) 道(도) : 이야기하다. 말하다의 뜻.

4) 德行(덕행) : 덕스럽고 너그러운 행실. 도덕스런 행동.

5) 無擇言(무택언) : 가리는 말이 없다. 말이 법도에 맞는 것.

6) 無擇行(무택행) : 가려 행동하지 않는다. 행동이 법도에 알맞는 것.

7) 口過(구과) : 말을 잘못하여 재앙을 부르는 것.

8) 怨惡(원오) : 원망하고 미워하다.

9) 宗廟(종묘) : 나라의 역대 왕들의 위패를 모신 사당.

10) 卿大夫(경대부) : 경(卿)은 지금의 국무총리. 대부(大夫)는 1급 이

상의 공무원.

　선왕(先王)의 법복(法服)이 아니면 감히 입지 아니하고 선왕의 법언(法言)이 아니면 감히 이르지 아니하며 선왕의 덕행(德行)이 아니면 감히 행하지 아니하는지라. 그러므로 법이 아니면 말하지 않고 도(道)가 아니면 행하지 아니하는지라. 입에는 택언(擇言)이 없고 몸에는 택행(擇行)이 없는지라. 말이 천하에 가득하여 입의 과실이 없고 행동이 천하에 가득하여 원오(怨惡)가 없다. 세 가지를 갖춘 후에야 능히 그 종묘를 지키나니 대개 경대부(卿大夫)의 효도니라. 시(詩)에 이르되 '일찍부터 늦게까지 게으르지 아니하여 일인(一人)을 섬긴다.' 하니라.

제 5 장 선비의 효도
(士章 第五)

“부모가 살아계시거든
멀리 나가서 놀지 말 것이며
부득이 먼 곳에 갈 일이 있으면
반드시 가는 곳을 알려야 한다.”
“아버지가 돌아가시고 난 후
3년 동안을 아버지가 하던 일을
바꾸지 않아야 가히
효자라 할 수 있다.”
『논어』 이인편 ‘공자’

제 5 장 선비의 효도

I. 봉록(俸祿)과 지위를 보전하는 길.

"아버지를 섬기는 것에서 취(取)하여 어머니를 섬기는 것으로 사랑하는 마음은 같아야 한다.

아버지를 섬기는 것에서 취하여 임금을 섬기는 것으로 공경하는 것은 같아야 한다.

그러므로 어머니에게서는 그 사랑하는 마음을 취하고 임금에게서는 그 공경하는 마음을 취하는 것으로 이 두 가지를 겸하여 섬기는 것이 아버지이다. 효도로써 임금을 섬기는 것은 충성이요, 공경으로써 어른을 섬기는 것은 순(順)이라 한다.

충성과 순(順)한 것을 잃지 아니함으로써 그 윗사람을 섬긴 연후에야 능히 그 녹봉과 지위를 보존하고 그 선조(先祖)의 제사(祭祀)를 지킬 수 있으니 대개 이것을 선비의 효도라고 한다.

『시경(詩經)』에 이르기를

'아침 일찍 일어나고 밤 늦게 잘 때까지

너를 낳아 준 분을 욕되게 하지 말라'

고 하였다."

▨이 장에서는 선비, 곧 학문을 하는 사람이 부모를 섬기는 도리를 말하고 있다.

선비라면 그 범주가 꽤 넓다고 보아야 한다. 많은 학식을 가지고 벼슬을 하지 않는 사람을 선비라고 하며 일반 백성과는 다른 신분(身分)을 말한다.

오늘의 민주사회에서 사(士)의 계급, 곧 선비라면 지적(知的) 엘리트, 고급 사원이나 학자들을 꼽을 수 있다.

관직(官職)에 나아가지는 않았지만 사회의 지도자적 위치에 있으며 열심히 학문을 연마하는 사람들을 선비라고 말할 수 있다.

이러한 이들이 아버지를 섬기는 것을 근본으로 하여 어머니를 섬기되 사랑하는 마음이 같아야 한다고 공자는 말하고 있다. 그리고 아버지를 섬기는 마음을 근본으로 하여 지도자를 섬기되 공경하는 마음이 같아야 한다고 하였다.

어머니에게서는 그 사랑하는 마음을 취하고, 지도자에게서는 그 공경하는 마음을 취하여 사랑과 공경으로써 섬겨야 하는 분이 바로 자신의 아버지라 하였다.

효(孝)로써 임금을 섬기면 충(忠)이 되고, 공경하는 마음으로 윗사람을 섬기면 순(順)이 된다고 하였다.

부모와 자식의 관계라고 하는 그 가정적인 범주에서는 효로 나타나고 임금과 신하, 국가 지도자와 관료들, 나라와 백성 등 국가적인 범주로 확대하면 충이 된다.

목은(牧隱) 이색(李穡 : 1328~1396) 선생은

"어버이 섬기는 일이나 임금 섬기는 도리는 한 가지다. 신하로서 조정에 나아가 몸을 다했다면 이는 조정에 있어서의 충(忠)이 될 것이며, 자식으로서 몸을 다했다면 이는 집에서의 효성이 되는 것이다.

벼슬하면 기뻐하고 물러나면 싫어한다면 이는 반드시 임금에게 몸을 다하지 못한 일이다. 가깝다고 너무 예의 없이 굴거나 멀리 있다고 잊는다면 이는 반드시 그 어버이에게 몸을 다하지 못한 것이 된다.

효성은 멀거나 가깝거나 다를 바가 없으며, 충성이란 벼슬을 하고 못하는데 있는 것이 아니니 쉽게 몸을 다하지 못한 사람에게 바랄 수 있으리오.”

하였다.

또 충과 효가 함께 이루어진 죽음의 이야기도 있다.

선조(先祖) 임진년(1592)에 왜적이 침입하여 임금은 평양으로 피난가고 서울이 함락되었을 때, 건재(健齋) 김천일(金千鎰 : 1537~1593)은 벼슬을 그만두고 고향 나주(羅州)에 내려가 있었다.

서울의 함락 소식을 듣고 통곡하며 분연히 일어나

“내 통곡은 어쩌면 나라 위해 싸울까 하는 생각에서였다. 군부(君父)는 이미 피난간 이때에 나는 대대로 나라의 녹(祿)을 먹고 살아왔으니 이런 상황에서 어찌 시골 구석에 숨어 내 한 목숨만 도모하리. 나는 의거(義擧)하여 꼭 나라의 위기를 막아야겠다. 강하고 약함이 적과 상대되지 않는다면 나라 위해 죽음이 있을 뿐. 죽음 없이 나라에 갚는 길 없다.”

하면서 함께 목숨 바쳐 나라를 지킬 사람들을 모집하였다. 이때 양산도(梁山璹) 등이 소식을 듣고 달려와 합세하였다.

이 군대는 강화도를 수비하는 한편 양산도가 선조 임금을 뵙고 군사를 일으킨 뜻을 밝혀 창의사(倡義使)라는 칭호를 받았다. 후에 전세(戰勢)가 바뀌어 왜적이 서울에서 물러나 남쪽으로 내려가 호남 지방을 엿보았다.

이에 김천일은

"호남은 나라의 근본이며 진주(晋州)는 호남의 길목이니 진주를 잘 지키면서 호남을 막아야 한다."

하고는 진주로 진군하였다.

진주에 도착하여 진주를 지키고 있으니 과연 왜적이 대군을 몰아 진주를 공격해 왔다.

어떤 사람이 김천일에게 우선 몸을 피하라 하였으나 그는 듣지 않고 군대를 지휘하였다. 때는 장마철로 오랜 장마에 의해 흙으로 쌓은 성벽이 무너지고 화살도 다 떨어지고 힘도 쇠진하였다.

마침내 성이 함락되었다. 왜적이 밀고 들어와 죽음이 임박하였는데 김천일은 오히려 웃으면서

"군사 일으킨 날에 이미 죽을 각오를 했다."

하면서 북쪽을 향해 임금에게 절하고 아들 건상(乾象)과 함께 서로 껴안고 남강(南江)에 투신하여 죽었다.

이보다 앞서 성이 위태해지자 김천일은 양산도에게 달아나라 권했으나 양산도는

"이미 같은 일로 같이 죽겠다고 맹세했는데 혼자 도망갈 수는 없소."

하고 거절하였다. 양산도도 함께 죽었다.

후에 이항복(李恒福 : 1556~1618)이 임진왜란을 회상하는 말에서

"임진왜란에 있어 가장 조용하게 죽음을 맞이하면서 지조를 잃지 않은 사람은 오직 김천일, 양산도 두사람 뿐이다."

라고 하였다.

김천일 부자(父子)의 이야기와 같은 충효(忠孝)의 본보기가 또 있다.

신라 진덕여왕(眞德女王) 때 비령자(丕寧子)라는 무인
(武人)의 이야기다.

백제군의 침입으로 김유신(金庾信)이 고전하여 도저히
감당하기 어려운 상황에 놓였을 때다. 김유신은 비령자
에게

"겨울이 되어야 비로소 소나무의 절개를 알 수 있다 했
다. 오늘 매우 위급한 형편이니 그대 아니면 누가 용맹
을 발휘하고 군사들의 사기를 진작시키리오."

하니, 비령자가 대답하기를

"이 많은 사람 가운데 저에게 명령을 내리시니 참으로
나를 알아주는 장군의 은혜를 잊을 수 없을 것입니다."

하고는 그의 종(奴) 합절(合節)에게

"오늘 위로는 국가를 위하고 아래로는 지기(知己:참으
로 자신을 아는 친구)의 말씀을 들으니 이 이상 만족할
일이 없도다."

하고는 창을 휘둘러 싸우다 죽었다.

그의 아들 거진(擧眞)이 이것을 보고

"아버지의 죽음을 보고 내 산다한들 어찌 효도되리오."

하면서 역시 나아가 싸우다 죽었다.

이것을 본 종 합절 역시

"하늘같이 우러러 모시던 분이 죽었으니 낸들 죽지 않
으리오."

하고는 그도 싸우다 죽었다.

이에 삼군(三軍)의 군사들이 너무도 감동하여 용기 백
배하여 싸웠으므로 드디어 승리하였다고 한다.

이러한 논리는 임금이 백성을 다스리던 군주시대에 있
어서의 종적(縱的)인 논리로 효(孝)나 충(忠), 또는 순
(順)으로 나타나게 되는 것이다.

　오늘날 자유와 평등 평화를 추구하는 민주주의 시민사회에 있어서는 효와 충, 순의 문제에 있어 수직적 종적 논리 일변도에서 수직과 수평, 종(縱)과 횡(橫)이 균형 있게 조화되는 새로운 해석이 요구된다.

　가령 오늘날 청소년들에게 자기를 낳아주었기 때문에 효도해야 한다고 하는 주장은 설득력이 없다. 오히려 '낳고 싶어 낳았지 내가 태어나고 싶어 태어났느냐'고 반문하는 경우도 있다.

　이러한 말이 나오는 것은 우리의 학교 교육의 문제에서 기인하는 것이다. 동양의 윤리를 외면하고 서양의 물질적인 교육에 치중한 현상에서 오는 것이다.

　그러므로 효와 충, 순에 관한 현대적 해석을 올바르게 내리기 위해서는 인간의 존재위치라던지 존재가치에 대한 철학적 사고와 교육적 방법이 요구된다.

　생활의 최소 기본 단위인 가정에서는 부모와 자식간에 사랑과 효도가 나타나게 된다. 이 효라는 것은 자식이 갖게 되는 부모에 대한 사랑과 부모에 대한 공경에서 자연스럽게 나타나는 미덕(美德)이다. 자식의 부모에 대한 효는 부모가 자식을 사랑하는데 대하여 돌려드리는 미덕이라 할 수 있다.

　나라는 개체(個體)는 부모를 중심으로 한 가정이 없이는 존재할 수 없으니 나를 존재하게 한 가정, 특히 부모님에게 그 은혜에 대한 감사한 마음을 돌려드리게 되는데, 그 돌려드리는 미덕을 가리켜 효도라고 말한다.

　나 개인이나 나의 가정, 그리고 나의 가정과 이웃해서 나와 더불어 사는 이웃들과 이 사회는 나라가 없이는 존재할 수 없으니 거기에 돌려드리는 미덕을 가리켜 충이라고 한다.

이러한 논리에서 보게 될 때 효나 충, 순이라고 하는 것은 나를 존재하게 한 원인적 존재의 사랑에 대하여 감사하는, 그 은혜에 보답하기 위해 돌려드리는 여러 형태의 미덕이라는 현대적 해석이 가능하게 된다.

인간이 지닌 바의 존재가치로서, 인간으로서 마땅히 은혜에 보답하며 살아가는 삶이 마땅히 행하여야 할 진정한 삶이라는 가치가 주어진다.

생떽쥐베리는

"우리 부모들은 우리들의 어린 시절을 꾸며 주셨으니 우리는 그들의 말년을 아름답게 꾸며 드려야 한다."

고 하였다.

이는 어버이의 사랑, 그 한량없는 은혜에 대하여 감사한 마음을 돌려드리는 아름다운 효심에서 우러나온 말이다. 이는 자연스러운 마음의 발로(發露)이다.

이와 같이 지극히 평범하면서도 자연스러운 심정에서 어버이를 사랑하는 사람은 남을 미워하지 않으며 어버이를 존경하는 사람은 남에게 오만하지 않기 때문에 효도는 모든 행실의 근원이며 인(仁)을 행하는 근본이라 하지 않을 수 없다. 충이란 자기가 할 수 있는 바를 다하는 것을 이르는 것이라면, 성(誠)이란 있는 힘을 다해서 일한다는 뜻이다.

생떽쥐베리도 설파한 바와 같이 효도란 부모가 자식의 생명의 근원일 뿐 아니라 이 생명을 보존하고 키워주는 것 또한 어버이라는 인식에서 그 은혜에 대하여 돌려드리고 싶은 감사한 마음에서 비롯된다.

그러나 이러한 효심이나 충성심은 어버이 자신의 내리사랑에 비하면 실로 미미하다 아니할 수 없다.

선원(仙源) 김상용(金尙容 : 1561~1637)이 시조에서 읊

은 바와 같이 우리들이 아무리 부모에게 효도한다 하더
라도 어버이의 사랑에 비하면 하찮은 일에 불과하다는
것을 느끼지 않을 수 없게 된다.

  어버이 자식 사이 하늘 삼긴 지친(至親)이라
  부모 곧 아니면 이 몸이 있을소냐
  까마귀(烏鳥)도 반포(反哺)를 하니 부모 효도하여라.

  여기에 나오는 반포지효(反哺之孝)는 고사성어에도 나
와 있는 바와 같이 까마귀의 새끼가 자라서 먹이를 물어
다가 늙은 어미에게 먹인다는 뜻으로, 자식이 자라서 어
버이가 길러준 은혜에 보답하는 효성을 가리킨다.
  이 얼마나 갸륵한 미덕인가. 말 못하는 짐승도 그 새끼
는 어미의 은혜를 알고 보답하고자 하거늘 하물며 인간
으로 태어나서야 말할 나위가 있겠는가.
  선비의 효도라고 하는 것은 부모와 지도자의 관계에서
이루어진다. 사랑과 공경으로써 어버이를 섬기고 그 효도
로써 지도자를 섬겨 성실한 사회인이 되고, 공경으로써
어른을 섬겨 순응(順應)함으로써 가정의 부모에게 하듯 나
라 전체를 위해 크게 이바지하는 것은 당연한 귀결이다.
  증자(曾子)는 말하기를
  "사람의 일생이 백 년을 살지라도 그 백 년 동안에는
병들어 누울 때가 있고, 늙어서 활동할 수 없는 시기가
있고, 어려서 사물을 분별할 줄 모르는 기간이 있어 진
정으로 사람의 도리를 다할 수 있는 기간이 짧다. 그러
므로 군자는 한번 지나면 다시는 회복할 수 없다는 것을
생각하여 할 수 있는 때에 도리를 다하여 실행한다. 부
모가 이미 죽은 뒤에는 비록 효도하고자 한들 누구를 위
하여 효도할 것인가."

하였다.

나라는 존재가 있게 된 근본인 부모를 사랑하고 공경하여 효성을 다한 후에 그 마음과 행동을 다른 사람에게까지 미쳐 화목한 사회를 만들고 또 그런 마음으로 나라를 사랑하고 사회에 봉사할 때 가장 바람직한 이 사회의 지성인이라 할 수 있을 것이다.

資[1]於事父로 以事母하니 而愛同이요 資於事父로 以事君하니 而敬同이라 故로 母取其愛하고 而君取其敬하니 兼之者 父也라 故以孝事君則忠이요 以敬事長則順이라 忠順不失하고 以事其上하여 然後能保其祿位[2]하고 而守其祭祀는 蓋士[3]之孝也라 詩云 夙興夜寐하여 無忝[4] 爾所生[5]이라하니라

1) 資(자) : 취(取)하다의 뜻.

2) 祿位(녹위) : 녹봉(祿俸)과 지위(地位)를 뜻한다.

3) 士(사) : 중국의 주(周)나라 때 사민(四民)의 위이며 대부(大夫) 이하의 벼슬. 사(士) 대부(大夫) 경(卿), 또는 사농공상(士農工商).

4) 忝(첨) : 욕되게 하다.

5) 所生(소생) : 자신의 부모를 지칭한다.

아버지 섬기는 것에서 자(資)하여 어머니를 섬기나니 그 사랑하는 것은 한 가지요. 아버지 섬기는 것에서 자하여 임금을 섬기나니 그 공경하는 것은 한 가지라. 그러므로 어머니에게서 그 사랑하는 것을 취하고 임금에게서 그 공경하는 것을 취하나니 겸한 것이 아버지라. 그러므로 효도로써 임금을 섬기면 충성이요 공경으로써 어른을 섬기면 순(順)한 것이다. 충순(忠順)을 잃지 아니하고 그 위를 섬긴 연후에야 능히 그 봉록과 지위를 보호하고 그 제사를 지키는 것은 대개 선비의 효도니라. 시에 이르되 '일찍 일어나고 밤 늦게 잠자 너를 생하신 분을 욕되게 말라' 하였다.

제 6 장 일반 민중의 효도
(庶人章 第六)

"그 사람됨이 부모에게 효도하고
형제간에 우애가 있으면서
윗사람에게 도리에 벗어난
행동을 하는 사람은 드물다.
윗사람에게 도리에 벗어난
행동을 하지 않는 사람으로서 법을 어기어
사회를 어지럽히는 사람은 아직 없다.
군자는 근본에 힘쓸 것이며
근본이 바로 서야 도가 생긴다.
부모에게 효도하는 일과
형제간에 우애있게 하는 일은
바로 인(仁)을 실천하는 근본이다. "
『논어』 학이편 '유자(有子)'

제 6 장 일반 민중의 효도

I. 자연 (自然) 의 도 (道) 를 사용하는 사람

"자연 (自然) 의 순환하는 도 (道) 를 사용하고 땅의 모든 이로움을 분별하여 몸을 공손히 하고 삼가하며 낭비하지 않고 절약하여 아버지와 어머니를 봉양 (奉養) 하는 것으로 이것을 일반 민중 (民衆) 의 효도라고 하느니라.

그러므로 천자 (天子) 에서부터 일반 서민 (庶民) 에 이르기까지 효도란 끝도 없고 시작도 없는 것으로 효도를 하지 못할까 근심하는 사람은 아직 있지 않는 것이다."

▨ 이 장은 일반 민중 (民衆) 의 효도를 논한 것이다. 군주시대 (君主時代) 의 민중은 모두 군주의 소속하에 얽매여 있는 것 같지만 실제로는 그 군주의 혜택에 사는 것이 아니라 자연의 생태계 (生態界) 안에서 자연을 이용하여 삶을 영위하고 있었다.

농사를 짓는다거나 장사를 한다거나 장인 (匠人) 의 생활을 하며 자신의 삶을 영위함과 동시에 부모 처자를 봉양하고 있었다. 그래서 공자께서는 서인 (庶人) 곧 일반 민중의 효도를 설명한 것이다.

인간은 만물 (萬物) 의 영장 (靈長) 으로 천지 만물 삼라만상의 중화적인 존재로 되어 있다. 인간은 화동(和同)의 중심체로서 대자연의 이치에 순응하지 않을 수 없게 되어 있다. 그러므로 사람은 우주와 대자연의 질서를 존중하여 따르는 동시에 인간 사회에서의 질서도 존중하여 따르는 것이 마땅히 걸어야 할 길이라 할 수 있다.

자연을 정복(征服)한다고 큰소리 치던 인간이 자연을 파괴함으로써 결국은 그 자연으로부터 엄청난 피해를 입게 되는 결과를 초래하게 된다.

동양(東洋)에서는 자연에 순응해 온 편이라면, 서양(西洋)에서는 그 자연을 정복한다는 미명하에 자연을 파괴해 온 것이라 볼 수 있다.

동양의 정신은 사라지고 서양의 습속이 성(盛)하여 자연을 정복하여 문명을 구가하던 현대 문명인들은 온갖 살상 무기와 오존층의 파괴로 인한 기후 변동, 공해 등으로 위협받고 있는 것이다.

하늘의 섭리에 순응하는 자는 생존하고 하늘의 섭리를 거스르는 자는 망한다는 말도 이와 관련된 말이라 할 수 있을 것이다. 또한 땅의 이로움을 분별하라 하였다. ‘땅은 사람을 속이지 않고 열심히 일한 만큼 그 댓가를 치뤄준다’ 하지 않는가.

열심히 땅을 일구고 씨를 뿌려 잡초를 뽑아주고 거름도 주며 가물면 물을 대주고 하여 땀을 흘리면 가을에 풍성한 곡식을 거두니 땅은 우리에게 얼마나 많은 이로움을 주는가.

우리가 삶을 유지하고 건강을 보전하며 살 수 있는 것은 땅에서 거두어 들이는 곡식이 있음으로 해서다.

땅은 결코 땀흘리지 않는 사람에게는 한 톨의 곡식도 주지 않는다. 몸가짐을 삼가고 공경하며 낭비하지 않으며 절약하여 모자람 없이 부모를 모셔야 한다는 것이다.

이덕무(李德懋 : 1739~1793)의 『사소절(士小節)』에

"검약하는 사람은 스스로 절약하여 아껴썼으므로 항상 남아서 남에게까지 줄 수 있고, 사치하는 사람은 스스로 낭비해 버렸으므로 항상 부족하여 인색하게 된다."

고 하였다.

절약하지 않고 마음 내키는 대로 낭비한다면 남은 것이 없을 때는 이미 후회해도 소용없는 상태가 된다. 자신의 몸가짐을 삼가하여 방종에 흐르지 않는다는 말은 욕망의 절제를 의미한다.

불교(佛敎)에서는 욕망 자체를 죄악시하지만 인간에게 욕망 그 자체도 없다면 희망도 꿈도 있을 수가 없다. 욕망이 있기에 포부도 있고 성취욕구가 있어 학생은 열심히 공부하게 되고, 농부는 열심히 농사짓게 되며, 장사하는 사람은 새벽부터 뛰는 것이다.

욕망에는 선으로 가는 욕망도 있고 악으로 가는 욕망도 있을 수 있다. 자기 절제(節制), 자기 조절(調節)이라고 하는 것은 자기의 욕망이 옳지 못한 방향으로 움직이지 못하도록 제동을 거는 일을 말한다.

그렇다면 몸을 삼가하여 방종에 흐르지 않기 위해서는 욕망을 어떠한 방향으로 조절할 것인가.

여기에 욕망의 선과 악의 방향성이 주어진다. 효나 충은 욕망의 선한 방향으로의 움직임이고, 불효나 국가에 해악을 끼치는 것은 욕망의 악한 방향으로의 움직임을 말한다. 따르는 것과 따르지 않는 것도 이와 마찬가지이다.

효자나 충신은 자신보다 부모나 보다 전체적인 목적을 위하여 움직이는 사람의 경우에 나타나는 미덕이며, 불효자나 국가에 해악을 끼치는 사람은 보다 개인적인 목

적을 위하여 움직이는 자에게서 나타난다 할 수 있다.

오늘날 청소년들에게 만연되어 있는 이기심이나 독선(獨善)이라고 하는 것은 전체를 무시한 개체적인 목적이라는 방향성을 띠고 있기 때문에 불효나 반국가(反國家), 불순으로 흐르기 쉬운 위험성을 내포하고 있다.

사람이 사치를 하는 경우는 부족을 느끼기 때문이다. 부족한 부분을 채우기 위한 보상심리내지 콤플렉스에서 비롯된다. 사람은 사람으로서의 본질적인 문제에 결핍을 느끼게 될 때 겉치장을 하게 된다.

『성경』에 보면 가난한 자는 천국이 저희 것이라는 말이 있는가 하면, 부자가 천국에 들어가는 것은 낙타가 바늘구멍으로 들어가는 것과도 같다고 하였다.

이는 물질적인 욕심이 본질적인 면을 방해하기 때문인데 가난한 사람이라도 물질적인 욕심에 눈이 멀어 악한 짓을 한다면 이에 해당할 것이요, 부자라도 물질에 얽매이지 않고 욕심을 버린다면 이러한 말에 해당되지 않을 것이다.

미국 굴지의 대부호였던 제이 굴드(Jay Gould)는 맨손으로 시작하여 30년 동안 피나는 노력으로 대부호가 되었다. 그는 노년에 오랫동안 병에 시달리다 임종을 맞이하여 외동딸 엘렌(Ellen)에게 유언하기를

"나는 너에게 1억 2천만 달러의 재산을 유산으로 남겨준다. 너는 이 재산을 가장 유익하게 쓰거라."

하였다.

많은 재산을 상속받은 엘렌은 불우한 이웃과 딱한 처지의 노약자들을 도우며 사회사업을 하는데 돈을 아낌없이 써버렸다. 주위 사람들이

"저렇게 돈을 물쓰듯 써버리면 죽은 부친이 섭섭해 할

텐데."
　하였으나 엘렌은
"아니오. 이것이 부친의 뜻입니다. 부자로서 돈의 덕을
모르는 사람은 참으로 가련한 사람이며 추한 물질의 꼭
두각시에 불과한 것입니다. 나는 결코 물질의 꼭두각시
가 되기는 싫습니다."
　하였다.
　얼마나 훌륭한 결단인가. 많은 재산을 가지고 사치와
낭비를 일삼아 몸과 마음이 망가지는 사례가 많은데 엘
렌은 부친의 뜻도 받들고 물질의 노예가 아닌 주체적인
인간으로 우뚝 선 것이다.
　물질로써 허허로운 내면을 채우기 보다는 사랑과 봉사
로써 자신을 채운 예라 할 수 있다.
　이렇게 부모의 뜻을 받들고 물질 때문에 자신을 망치지
않고 뜻있는 일을 하는 것도 부모에게 효도하는 한 방법
인 것이다.
　옛날 춘궁기에 보릿고개를 넘어야 했던 시절. 아무리
일을 해도 어머님을 봉양하고 처자식을 먹여 살리기 어
려워 어린 자식들을 살리기 위해 어머님을 지게에 지고
산속으로 들어가 고려장을 시키려는 아들이 있었다.
　어머님을 지게에 지고 산속 깊숙히 들어가는데 그 어머
니는 자식이 자신을 고려장 시키려고 하는 줄 알면서도
자식을 생각하여 손에 잡히는대로 나뭇가지를 꺾어 자식
이 되돌아 갈 때 길을 잃지 않도록 표시를 하였다 한다.
　오늘날 효도관광이라는 이름으로 제주도에서 버림받는
노인들은 자식의 이름이나 사는 곳을 물으면 묵묵부답이
라고 한다. 행여나 입을 열어도 모른다는 말로 일관한다
는 것이다. 비록 자신은 자식에게 버림을 받았지만 그

일로 하여 자식에게 비난의 손가락질이나 불이익이 돌아
가지 않을까 걱정하여 입을 다문다는 것이다.

　이처럼 어버이의 자식에 대한 사랑이 보다 강하기 때문
에, 자식이 부모의 그 깊은 사랑을 미처 알지 못하다가
자기도 자식을 낳아 내리사랑을 함으로써 비로소 부모의
참된 사랑을 느끼게 된다.

　아버님 날 낳으시고 어머님 날 기르시니
　두 분 곳 아니시면 이 몸이 살았을까
　하늘같은 은덕을 어디다혀 갚사오리

　이 시조는 송강(松江) 정철(鄭澈 : 1536～1593)이 쓴 훈
민가(訓民歌) 중 첫연이다. 자신을 낳아 정성껏 기르고
한없이 사랑해 주신 어버이의 은혜를 알고 보답하려는
그 갸륵한 마음이 효심어린 언어로 표현되어 있다.

　부모의 은혜를 알고(知恩), 느끼고(感恩), 감사하고(謝
恩), 보답하려는(報恩) 마음이 곧 효심(孝心)이요, 효성
(孝誠)인 것이다. 이와 같이 부모에게 효도하고자 하는
마음은 인간의 자연스러운 마음의 발로요, 순수한 미덕
이라 할 수 있다.

　부모는 언제까지나 자녀들 곁에 머무르지 않는다. 부모
도 시간과 공간의 제한을 받는 피조물이기 때문이다. 자
식을 낳고 기르면서 철이 들어 효도를 하려 하면 그때
어버이는 돌아올 수 없는 저승으로 떠나기 마련이다. 그
래서 사람들은 철들 무렵을 가리켜 후회의 계절이라고
한다.

　율곡(栗谷) 이이(李珥 : 1536～1584) 선생도

　"요즘 사람들은 대부분 부모의 그늘 밑에서 생활하면서

자기 능력으로 부모를 봉양하지 못하고 있음을 본다. 그러나 세월이 흘러 끝내 봉양의 도리를 잃고 있다. 자기 힘으로 집 살림을 꾸려가면서 부모의 뜻대로 좋은 음식, 거처, 의복 등을 마련하여 드려야 마땅하다. 그래야만 자식의 직분이 이뤄지는 법이다.”

라고 하였다.

공자께서는 생활에 쓰이는 것을 절도 있게 하여 어버이를 봉양하여야 한다고 하였다. 이기적인 사고방식으로 자기 위주일 때는 쓰는 것을 함부로 낭비할 수 있지만 부모 위주로 사는 자녀는 함부로 낭비하지 못하게 된다.

효는 백 가지 행실의 근본이라고 했다. 바꾸어 말하면 모든 덕행은 효에서 비롯되어 나오는 것이라 할 수 있다. 자신의 몸을 훼손하지 않는 덕행에서 시작하여 입신하여 도를 행하고 부모의 이름까지 빛나게 하는 것에 이르기까지 천차만별의 미덕을 보여 준다.

이는 지(知)와 정(情)과 의(意)의 욕망을 지닌 인간이 진선미(眞善美)를 추구하는 개성적 존재이기 때문이다.

왜 자기의 몸을 함부로 훼손하면 큰 죄가 되고 불효가 되는 것일까. 자기의 몸은 본래부터 자기의 것이 아니기 때문이다. 자기가 이 세상에 존재하는 데에는 그 존재할 수 있는 힘이 있어야 하는데, 그 존재를 가능하게 하는 그 존재 근거는 부모의 혈통일 수도 있고, 햇빛과 공기와·수분을 위시하여 모든 영양분이 들어 있는 음식물일 수도 있다.

그 뿐만 아니라 지금까지 학문을 닦고 지성을 갖추기까지는 스승과 친구, 일가 친척 등 이루 다 헤아릴 수 없이 많은 인연들과 관계로 해서 비로소 존재할 수 있는 것이다.

불가(佛家)에서는 이러한 존재에 대한 은혜를 천지은(天地恩) 부모은(父母恩) 동포은(同胞恩) 법률은(法律恩) 등으로, 그 은혜에 마땅히 보답해야 하는 도리를 강조한다.

그러한 모든 관계 양상은 자기의 생존을 위해서 직접 간접으로 도움을 주어 왔는데, 만일 몸을 훼손하여 스스로 목숨을 끊거나 상처를 낸다면 그 모든 협력자들이 슬퍼할 수밖에 없다는 논리가 된다.

자기만을 위해서 사는 삶이라면 자기와 직접 간접으로 인연되어 있는 모든 존재들이 슬퍼하건 말건 문제될 것이 없을지 몰라도 이웃과 함께 사는 삶이라면 특히 이웃 사람들의 기쁨을 보고 기뻐하는 삶의 방식이라면 이웃의 슬픔과 무관할 수 없다.

입신(立身)하여 도를 행한다는 말은 사회적으로 인정을 받고 높이 된다는 뜻으로 이름을 세상에 드날리므로 가문을 빛낸다는 내용을 담고 있다.

한 사람이 입신하여 바른 길을 가게 되면 부모의 이름까지 빛나게 하는 것으로 크게 효도하는 것이다. 따라서 시종일관하여 효도를 다하게 되면 자연히 행복이 따르게 된다는 것이다.

그러나 불효하거나 반국가적이고 불순하게 되면 걷잡을 수 없는 죄악이 되는 것이다. 부모에게 불효하고 나라에 해악을 끼치며 이웃에게 불순하면 죄악을 범하게 되고, 스스로 환난을 불러들여 자신은 말할 것도 없고, 사회를 병들게 하고 국가를 망하게 한다.

인간의 양심의 기준은 언제나 불변의 나침반으로 있기 때문에 죄를 지은 자는 자기 스스로 심판을 하게 되어 있다. 누가 간섭하지 않는다 할지라도 자기 스스로 괴로워하지 않을 수 없는 양심이 인간에게는 있기 때문이다.

이스라엘 민족을 6백만 명이나 학살한 독일 민족과 우리 나라 청년 남녀들을 전쟁터로 내몰아 희생물이 되게 한 일본 민족 중 소수이기는 해도 양심의 가책 때문에 사죄하는 경우가 바로 그것이다.

아무리 악독한 인간이라 할지라도 늙고 병들면 인간으로서의 양심이 되살아나는 법이며, 지난날의 그릇된 행동에 대하여 뉘우치고 후회하게 된다.

부모에게 불효를 저지른 불효자는 막상 부모를 잃었을 때는 불효한 죄를 뉘우치며 참회의 눈물을 흘리지 않을 수 없는 것이다.

만일 자기의 자녀들이 자기에게 불효하는 경우에는 더욱 뼈저린 참회의 눈물을 흘리게 될 것이다. 이 뼈저린 후회는 스스로 불러들인 재앙이요, 심판이 아닐 수 없다.

선인선과(善因善果)요, 악인악과(惡因惡果)라는 말이 있다. 선한 원인에 의하여 선한 결과가 나오고, 악한 원인에 의하여 악한 결과가 나온다는 인과응보설을 부정할 도리가 없다.

자식은 부지불식간에 부모의 행동을 닮기 때문이다. 자식은 부모의 언행을 일거수 일투족 본받기 마련이다.

자기가 부모에게 학대를 하고 불효를 한다면 자녀들도 이를 본받게 될 것이다. 그리하여 자기가 부모에게 저지른 불효를 머지않아 그 자식에게서 되갚음을 받게 될 것이다.

효자 가문에서 효자가 나고 불효자 가문에서 불효자가 난다고 하지 않는가. 어릴 때부터 눈으로 보고 귀로 들은 것이 장성함에 따라 저절로 몸에 배이기 때문이다.

효는 모든 덕행의 근본이라고 하였는데 그 덕이란 무엇

인가. 그것은 고매하고 너그러운 도덕적 품성이며, 윤리적 의지대로 행동할 수 있는 인격적인 능력을 말한다.

아리스토텔레스는 일찍이

"행복한 생활이란 덕에 의한 생활이라고 생각된다."

고 하였으며, 플라톤은

"덕은 일종의 건강이며, 미(美)이며, 영혼의 좋은 존재형식이다. 이에 반하여 악덕은 병이며, 추(醜)이며, 영혼의 나쁜 존재형식이다."

라고 말하였다. 셰익스피어는

"여자를 교만하게 하는 것은 그 미모이며, 찬양받게 하는 것은 그 덕성이다."

라고 하였고, 볼테르는

"모든 사람은 동등하다. 그것을 다르게 만드는 것은 타고나는 것이 아니고 덕이 있을 뿐이다."

라고 하였다.

『채근담(採根談)』에는 다음과 같은 말도 있다.

"덕은 재주의 주인이요, 재주는 덕의 종이다. 재주는 있으되 덕이 없으면 집에 주인이 없고 종이 용사(用事)함과 같으니 어찌 도깨비가 놀아나지 않으리오."

이러한 예들은 공자께서 말씀하신 대로 효는 백 가지 덕행의 근본이라는 말씀이나 모든 덕행은 효에서 비롯된다는 말을 구체적으로 입증하는 셈이 된다.

이와 같이 모든 덕행의 근본인 효(孝)를 행한다는 것은 모든 사람에게 적용되는 것으로 이제부터 효를 행한다거나 이제는 효행을 끝마쳤다고 하는 시작과 끝이 없다.

또한 효는 인간으로서 자연스러운 행위이며 인간답게 사는 기본적인 삶의 방식이기에 '효도를 어떻게 해야 하나' '효도를 하지 못하면 어떻게 하나' 하는 걱정을 할 사람이 없다는 것이다.

인간으로서의 자신의 생활을 충실하게 해나가면 자연스럽게 효도가 이루어지는 것이고, 자신의 생활에 충실하지 않을 때 모든 효와 충과 순이 있을 수 없다는 것이다.

인간이란 자연의 순환하는 도를 거역하고는 제대로 살 수 없게 된다. 매사에 공손한 몸가짐으로 삼가하고 절약하며 충실히 부모를 봉양하게 될 때 은혜에 보답하면서 살아가므로 재앙도 피할 수 있게 된다.

살아계실 때 효도해야 한다. 격언(格言)에 '수욕정이 풍부지(樹欲靜而風不止) 자욕양이 친부대(子欲養而親不待)'라는 말이 있다. 나무는 가만히 있으려 하는데 바람이 불어 흔들리고 철들어 부모에게 효도하려 생각하니 부모는 돌아가시고 계시지 않는다는 뜻이다. 이것을 보더라도 평소에 부모에게 잘해야 하는 것이다.

用天之道[1]하고 分地之利[2]하고 謹身節用[3]하여 以養父母는 此庶人[4]之孝也니라 故 自天子至於庶人하여 孝無終始요 而患不及者는 未之有也니라

1) 天之道(천지도) : 하늘의 도는 봄에는 태어나게 하고 여름에는 무성히 자라게 하고 가을에는 열매를 맺고 겨울에는 감추게 하는 일.

2) 地之利(지지리) : 땅이 곡식을 성장시키는 과정.

3) 節用(절용) : 검소하게 생활하다.

4) 庶人(서인) : 옛날의 농공상(農工商)들. 곧 지금의 일반 민중.

하늘의 도를 쓰고 땅의 이로움을 분별하며 몸을 삼가하고 쓰임새를 절약하여 부모를 봉양하는 이것을 서인(庶人)의 효도라고 하나니라. 그러므로 천자(天子)로부터 서인(庶人)에 이르기까지 효도는 끝과 시작이 없으며 미치지 못할까 근심하는 자 있지 아니하니라.

제7장 천지인(天地人)의 효도
(三才章 第七)

"어진 사람을 어진 사람으로 대접하기를
아름다운 여인을 좋아하듯이 한다.
또 부모 모시는데 있어
있는 힘을 다하여 효도를 한다.
군주를 섬기는데 있어서는
그 몸을 바쳐 충성을 다한다.
벗과 더불어 사귀어 말에 믿음을 얻는다.
이러한 사람은 그가 배우지
않았다고 말하더라도 나는 반드시
그를 학문한 사람이라고 이르리라"

『논어』 학이편 '자하(子夏)'

제 7 장 천지인 (天地人)의 효도

I. 효도의 위대함이여

증자 (曾子)가 말하였다.

"깊기도 하구나. 효도의 위대함이여 !"

공자께서 말씀하셨다.

"대저 효도라는 것은 하늘의 떳떳한 것이요, 땅의 의 (義)로운 것이며 이 백성의 행실이니라.

하늘과 땅의 떳떳한 것을 백성이 법칙으로 삼으면 하늘의 밝은 것을 본받고 땅의 이로움으로 인하여 천하를 순 (順)하게 하는 것이다. 그러므로 그의 가르침은 엄숙하지 않아도 이루어지고 그 정치는 엄격하지 않아도 다스려지는 것이다.

앞서 간 선왕 (先王)은 교육으로써 백성을 감화시킬 수 있다고 보았다. 그러므로 먼저 널리 사랑하여 백성들이 자신의 어버이를 저버리는 자가 없었으며 또 덕과 의를 베풀어 백성이 모두 일어나 행하였다.

또 몸소 공경하고 사양하는 것을 실천함으로써 백성이 다투지 아니하였으며 예절 (禮節)과 음악 (音樂)으로 인도함으로써 백성들이 화목 (和睦)하였으며 좋고 나쁜 것을 보여줌으로써 백성들이 금지할 것을 알게 하였다.

『시경』에 이르기를
'빛나고 빛나는 태사(太師) 윤씨(尹氏)여,
백성들이 모두 그대를 바라보고 있도다'
라고 하였다.

▨효성(孝誠)이 지극하면 불가능해 보이는 것도 가능하게 되는 일이 많다.

효는 모든 행실의 근본이 된다고 할만큼 중요한 것이고 불가능을 가능하게 하는 것이기에 위대하고도 위대한 것이다.

인간의 삶은 상호간에 오가는 행위로 이루어지는 것이다. 수명(壽命)을 다할 때까지 수많은 행실로 선(善)도 쌓고 악(惡)도 쌓는 것이다.

선한 행실을 많이 하면 타인들의 행실의 본보기로 우러름을 받고 상을 받을 것이다. 그러나 악한 행실을 많이 하면 손가락질과 형벌이 내려져 고통을 당하고 스스로 부끄러워 남 앞에 나서지도 못하며 그 가족들도 함께 고통을 당하게 된다.

선행과 악행의 수만가지 행실의 근본이 효(孝)에 기준하는 것이다. 그러므로 가장 큰 선행은 정성어린 효행이요, 가장 큰 악행은 불효다.

그러므로 고대 사회에서는 지극한 효성으로 부모님을 섬긴 효자를 기리고 후한 상을 주었던 것이며, 3천 가지 형벌로써 나라를 다스리는데 불효를 가장 엄하게 벌하였던 것이다.

이렇듯 인간 삶의 근본인 효성을 발휘하는 것은 가장 자연스러운 행동이다.

『곡례(曲禮)』에도

"무릇 사람의 자식된 자의 도리는 겨울에는 따뜻하게 해드리고 여름에는 서늘하게 해드리며 밤이 되면 자리를 펴드리고 동이 트는 새벽이면 안부를 살핀다.

밖에 나갈 때는 반드시 여쭈고 돌아오면 반드시 뵙는다. 노는 곳은 반드시 떳떳하고 일정하며 익히는 것은 반드시 일정한 일이나 업(業)을 두고 평상시의 말에 자신을 늙었다고 말하지 않는다."

라고 하였듯이 효행이라는 것은 일상의 일이기에 모든 백성들의 행실이라 한 것이다. 이런 효이기에 이 세상에 있어서 가장 의로운 일이며 하늘을 우러러 떳떳한 것이다.

크나큰 효행은 하늘도 감동하여 그 효자를 돕는다는 이야기가 있다.

손순(孫順)은 신라 때 사람으로 아버지는 죽고 집은 가난해 남의 집 머슴살이를 하면서 어머니를 봉양했다. 그런데 항상 어린 자식이 어머님께서 드실 음식을 가로채 먹어 버렸다.

보다못한 손순은 아내와 의논하여 자식을 업고 산으로 가 묻으려고 땅을 팠는데 뜻밖에 땅속에서 돌로 만든 종(鐘)이 나왔다.

아내에게 이르기를

"이상하다. 뜻밖에 이런 것이 나왔으니 아마 이 아이의 복(福)인가 보오."

하고는 아이를 데리고 돌아왔다.

그 종을 기둥에 달아 한 번 치니 그 소리가 어찌나 멀리 울리는지 궁궐까지 들리게 되었다. 이에 흥덕왕(興德王)이 듣고

"서쪽 들에서 종소리가 들리는데 그 소리가 너무 맑도

다. 어디에서 울리는 것인지 찾아보아라."

하고 명령을 내렸다. 명을 받은 신하가 종소리가 나는 곳을 찾아 손순에게 그 종을 얻게된 사연을 듣고 왕에게 사실대로 고하기를

"이상한 일입니다. 옛날 곽거(郭巨)라는 사람은 자식을 묻으려다 하늘이 주신 금솥(金鼎)을 얻었다 하더니, 이제 손순이 자식을 묻으려다 돌종이 나왔다 합니다."

하니 임금은 손순에게 많은 토지와 곡식 50석을 주었다.

또 중국의 왕상(王祥)은 성품이 착하고 효심이 지극한 사람이었다. 자기를 낳아 사랑으로 키워주던 어머니를 일찍 여의고 주(朱)씨 성을 가진 계모를 맞이하였는데 계모는 상을 미워하고 자주 남편에게 상을 비방하여 말하였다.

이로 인하여 아버지는 계모의 말만 믿고 상을 미워하여 쇠똥을 치우게 하는 등 힘들고 괴로운 일만 시켰다. 그러나 상은 조금도 싫어하는 빛을 보이지 않고 더욱 공손히 부모의 뜻을 받들었다.

부모가 병이 나면 근심하여 옷을 벗지 않았고 약을 달이면 먼저 맛본 후에 부모에게 올렸다.

어느 추운 겨울에 계모가 생어(生魚)를 먹고 싶다 하자 상은 추위도 무릅쓰고 강으로 나갔다. 얼음이 얼어 얼음을 깨려고 옷을 벗으니 갑자기 저절로 얼음이 녹으면서 물 속에서 두 마리의 잉어가 뛰어나왔다. 이것을 집으로 가지고 와 어머니께 드렸다.

어머니가 또 참새구이를 먹고 싶다고 하여 이에 상이 참새를 잡기 위해 집에 장막을 쳐놓으니 수십마리의 참새가 집으로 날아들어 상이 이를 잡아 구워서 어머니께

드렸다.

경징군(慶徵君) 이연(李延 : 字는 大有)이라는 사람은 겨울에 부친이 병들어 생선회가 먹고 싶다 하니 얼음을 깨고 그물을 쳤으나 고기가 잡히지 않았다. 이에 연은 통곡하면서

"옛날에 얼음을 깨고 고기 얻었다 하였는데 지금 나는 그물을 쳐서도 얻지 못했으니 아마 내 성의가 부족한 탓이리라."

하고는 옷을 벗고 얼음물 속으로 들어가 서서 밤새도록 울며 기도했더니 드디어 그물에 잉어가 걸렸다.

또 한 번은 부친이 승검초(辛甘菜)나물이 먹고 싶다 하여 채전(菜田)에 나가 울면서 호소했더니 뿌리가 돋아나와 그것으로 부친의 병을 낫게 했다고 한다.

정의(鄭嶷 : 烏川人)라는 사람이 여묘(廬墓)살이를 하였는데 산소가 있는 곳은 깊은 산골짜기였기에 매우 호젓한 곳이었다. 친척들이 모두 위험하다며 말렸으나 그는 듣지 않고 말하기를

"어버이 돌아가실 때 내 진작 죽어야 할 몸입니다. 이제 아직 흙도 미처 마르지 않았고 시신이나 영혼이 아직 의지할 곳 없으니 어찌 차마 그냥 있겠습니까. 불행히 강도나 맹수에게 살해당한다 해도 명(命)으로 밖에 볼 수 없지요."

하며 기어이 홀로 깊은 산중에서 여묘살이를 하였다.

어느날 저녁에 큰 호랑이 한 마리가 나타났다. 그런데 그 호랑이는 해치기는 커녕 물고 온 노루를 정의의 옆에 놓고 돌아갔다. 그후부터 언제나 새벽에 돌아가고 저녁에 와 마치 수문장처럼 지켜주었다.

또 한 번은 대낮에 도적 십여 명이 들이닥쳐 빙 둘러섰

다. 그러나 그는 조금도 놀라거나 두려워하지 않고 여전히 무덤 앞에서 통곡하고 제사지내기를 평상시와 다름없이 하였다. 도적들은 둘러서서 오래도록 구경만 하고 있다가 해치거나 빼앗기는 커녕 도리어 경의를 표시하고 돌아갔다. —『해동소학』.

하늘도 감동시키고 짐승도 따르게 하며 흉악한 도적들도 경의를 표하게 하는 효행이기에 증자는 효행의 덕만큼 깊고 위대한 것은 없다고 한 것이다.

공자는 효란 하늘이 낸 떳떳한 진리로 지상의 생물을 바르게 기르는 땅의 임무와 같은 것이며 민중의 행실이라고 한 것이다. 또한 임금이 박애심으로 나라를 다스리면 모든 민중이 사랑하는 마음을 지녀 그 부모를 버리고 돌보지 않는 일이 없다고 하였다.

민중에게 덕을 베풀면 민중들은 스스로 선행을 하게 된다는 것이다.

지도자가 솔선수범하여 겸양하면 민중들도 서로 겸양의 덕을 발휘하여 다투지 않고, 예의범절과 정서함양에 도움을 주는 알맞은 음악으로써 하면 민중은 화목한다고 하였다.

이 세상에는 변하는 것이 있는가 하면 변치 않는 요소도 있다. 이 불변(不變)과 가변(可變)의 두 요소는 시간과 공간에 예속되기도 하고 초월하기도 한다.

효란 인간의 본심에 뿌리 뻗고 있기 때문에 그 본심이 변하지 않는 한 변하는 일이 없고 소멸되는 법이 없다.

그것은 인류의 생존이 지속되는 한 영원히 존재하면서 사람을 사람답게 하는 모든 도덕의 기본이 된다.

그러므로 그것은 시대와 장소, 또는 주권자의 이념에 따라서도 변하지 않는 불변의 덕목이다.

‘덕의 근본이 효도’라 말한 것은 덕이란 사랑과 공경심에서 우러나온다고 할 수 있기 때문이다.

햇님과 바람에 나오는 우화에서처럼 따뜻한 사랑이 사납고 차가운 바람을 이긴다. 바람이 사나울수록 오히려 옷을 더 싸매고 외면하지만 햇빛은 따사로울수록 옷을 벗고 허리를 펴듯이 애경(愛敬)은 모든 대상을 포용한다.

효(孝)밖에 더 큰 것이 이 사회에 존재하겠는가. 존재할 수가 없다. 그래서 크다 효도여! 한 것이다.

曾子曰 甚哉[1]라 孝之大也여 子曰 夫孝는 天之經[2]也요 地之義[3]也요 民之行也라 天地之經이니 而民是則之라 則天之明[4]하고 因地之利하여 以順天下니라 是以로 其教不肅而成이요 其政不嚴而治라 先王이 見教之可以化民也라 是故로 先之以博愛하여 而民莫遺其親이요 陳之於德義하여 而民興行이오 先之以敬讓하여 而民不爭하고 導[5]之以禮樂하여 而民和睦하고 示之以好惡하여 而民知禁이라 詩云 赫赫師尹[6]이여 民具爾瞻이라하니라

1) 甚哉(심재) : 감탄사. 곧 깊고도 깊다는 뜻.

2) 天之經(천지경) : 하늘도의 떳떳한 도. 자연 순환의 법칙.

3) 地之義(지지의) : 땅의 의리는 땅은 곡식을 배양하고 동식물을 기르는 현상을 지칭한 것.

4) 則天之明(칙천지명) : 하늘의 밝은 것을 법칙으로 삼다.

5) 導(도) : 인도하다.

6) 赫赫師尹(혁혁사윤) : 혁혁은 빛나고 빛나다. 사윤은 태사(太師)인 윤씨(尹氏)로 태사는 재상을 뜻한다.

증자 가로되 “심(甚)하다. 효의 큰 것이여.” 자 가로되 “대저 효는 하늘의 경(經)이요 땅의 의(義)요 백성의 행동이니라. 하늘

과 땅의 경(經)이므로 백성이 이를 법칙으로 삼는지라. 하늘의 밝은 것을 법칙으로 땅의 이로움을 인하여 천하를 순하게 하나니라. 이로써 그 가르침이 엄숙하지 않아도 이루어지고 그 정치가 엄격하지 않아도 다스려지는지라. 선왕(先王)이 교육으로 가히 백성을 교화시킬 줄 아는지라. 그러므로 먼저 박애(博愛)로써 하여 백성이 그 어버이를 버리지 아니하고 덕과 의를 베품으로써 백성이 일어나 행할 것이요, 공경과 사양으로써 먼저 하여 백성이 다투지 않고 예와 악으로써 인도하여 백성이 화목하고 좋고 나쁜 것을 보여 백성이 금하나라. 시에 가로되 '혁혁한 태사 윤씨여 백성이 함께 너를 쳐다보리라.'고 하니라."

제 8 장 효도로 다스린다
(孝治章 第八)

어떤 사람이 공자에게 묻기를
"선생께서는 어찌하여 정치를 하지 않으십니까?"
하니 공자가 대답하였다.
"『서경(書經)』에서 효도에 대해 이르기를
'오직 효도하며 형제간에 우애하여
정치있는 곳에 베풀라' 하였다.
바로 그것이 정치를 하는 것이어늘
어떤 것을 정치를 한다고
할 수 있는 것인가"
『논어』 위정편 '공자'

제 8 장 효도로 다스린다

1. 효도는 민중의 환심을 살 수 있다.

공자께서 말씀하셨다.

"옛날의 명철한 왕(王)께서 효도로써 천하를 다스릴 때에는 작은 나라의 신하라도 버리지 아니하였거늘 하물며 공(公)·후(侯)·백(伯)·자(子)·남(男)에 있어서랴.

그러므로 만국(萬國)의 환심(歡心)을 얻어 그의 선왕(先王)을 섬기는 것이다.

나라를 다스리는 자는 감히 홀아비와 홀어미도 업신여기지 않는데 하물며 사(士)와 백성에 있어서랴.

그러므로 백성의 환심을 얻어 그의 선군(先君:앞서간 임금)을 섬기는 것이다.

가정을 다스리는 자는 감히 집안의 노비나 여종에게도 마음을 잃지 아니하나니 하물며 그의 처와 자식에 있어서랴.

그러므로 사람의 환심을 얻어 그의 어버이를 섬기는 것이다.

무릇 이와 같이 삶을 섬기면 어버이가 편안히 지내고 제사를 지내면 귀신(鬼神)이 흠향을 한다.

이로써 천하가 화평하고 재해(災害)가 발생하지 않으며

화난(禍亂)이 일어나지 아니하나니 명철한 왕(王)이 효도로써 천하를 다스리면 모두 이와 같이 되는 것이다.
『시경』에 이르기를
'큰 덕행이 있으니 사방의 나라가 따른다.'
고 하였다.

▨옛날 군자(君子)들은 먼저 자신의 마음을 다스리고 몸을 닦은 후에 집안을 가지런히 하고 나라를 다스리고 천하의 평화(平和)를 도모하였다.
자신의 몸과 마음을 다스리지도 못하고서 어찌 가정을 올바르게 이끌 수 있으며, 가정이 제대로 다스려지지 않는데 어찌 남을 다스리는 자리에 앉을 수 있겠는가. 그런 사람이 남을 다스리는 위치에 있게 되면 천하는 어지러워지고 배반과 약탈, 폭력이 난무하는 사회가 되는 것이다.
위정자(爲政者)가 모범이 되지 못하고 악한 행위의 선도자가 되어 사회를 이끈다면 사리사욕만을 위하는 이기주의적인 악행이 모든 사람들에게 만연되어 흉흉한 사회가 될 것이다.
사람이 가장 천하다고 생각되는 사람도 업신여기지 않으면 동등한 처지의 사람이나 윗사람에 있어서는 더더욱 업신여기거나 공경하지 않는 일이 없을 것이다.
"거지에게 동냥을 줄 때도 발로 툭 차서 주면 받지 않는다"
고 맹자(孟子)도 말하지 않았는가.
부자이거나 가난한 사람이거나 귀한 사람이거나 천한 사람이거나 인간은 동일하므로 모든 사람에게는 자존심이라는 것이 있다.

그러므로 업신여김을 받아 자존심에 상처를 입으면 그 업신여긴 사람을 증오하게 되며 두고 두고 마음에 새겨 두게 된다. 그러다가 어느 기회가 오면 그 업신여김의 몇 배나 되는 수치와 괴로움을 그 사람에게 되돌려 주려 하게 된다.

우리 속담(俗談)에

'남의 눈에 눈물 나게 하면 그의 눈에서도 피눈물이 나게 될 것이다.'

라는 말도 있다.

천하거나 하찮아 보이는 사람이라도 나름대로의 인격과 감정을 지니고 있으니 업신여겨서는 안 된다.

내가 지금 높은 자리에 있어 부귀영화를 다 누린다 하더라도 인위적이고 물질적인 것은 언제 어느때 어떻게 나에게서 사라질지 모르는 것이다. 오직 인격을 수양하고 덕을 쌓는 일만이 언제나 내 곁에 있는 것이다.

덕 쌓음의 중요성을 안 옛 성현들은 가정에서 노비들을 함부로 하지 않고 나아가 처자식을 대하고 부모님을 봉양할 것을 거론하였다.

또한 나라에 있어 가난하고 보잘것없는 사람을 업신여기지 않음으로써 백성을 다스려 민심을 얻을 수 있다고 말하고 있다.

모든 백성들이 따르니 신하들이 따르지 않을 수 없으며 또 백성과 신하가 따르는데 어느 누가 따르지 않겠는가.

이러한 덕의 행실의 근본을 효라고 했으니 효로써 나라를 다스리면 신하와 백성, 가정에 있어 따르지 않는 사람이 없으며 태평한 세상을 만들고 귀신조차 감동하게 만든다는 것이다.

김천일(金千鎰)은 나이 16세에 분연히 말하기를

"내 듣건대 일재(一齋:李恒) 선생은 도학(道學)으로써 후배를 교육시킨다 하니 그 분에게 가서 배우리라."

하였다. 그의 조모가 너무 멀리 가는 것을 근심하여

"가까운 곳에도 너의 스승은 있지 않느냐?"

하니 그는

"아닙니다. 경서(經書) 가르치는 스승이야 많지만 사람 가르치는 스승은 드문 것이라 하기에 저는 가까운 곳을 버리고 먼 곳을 취하려 합니다."

하고는 기어이 일재를 찾아가 공부하여 대성하였다.

옛날의 성현들은 덕 쌓는 것을 중요하게 여겼다. 물론 그 근본은 효였기에 공경하고 몸가짐을 삼가하여 덕을 쌓아 후세에 우러름을 받는 인물이 되었던 것이다.

옛날 명철한 임금은 효도를 나라 다스리는 근본으로 삼아 모든 신하와 백성들을 경애하는 마음으로 나라를 다스렸기 때문에 도처의 모든 사람들이 그 정치를 진심으로 환영하여 태평성세를 이루었다.

이러한 치세야 말로 후세에 길이 칭송받을 업적으로 선왕의 뜻을 높이 받들어 나라를 잘 다스린 것이므로 최대의 효인 것이다.

임금은 군자의 도량을 지녀 모든 사람들을 치우침 없이 공평하게 아끼고 사랑할 수 있어야 한다. 이 세상의 희로애락은 인간과 인간의 관계양상에서 파생되기 때문에 임금이 모든 사람을 공정하게 사랑하게 될 때 그는 감사의 미덕을 되돌려 받게 된다.

이 세상 모든 민심이 기꺼이 감사해 할 때 임금을 더욱 공경하게 되고 상하가 서로 화목하여 평화가 있게 된다.

오늘날 시대 상황은 달라졌지만 삶의 모습이 크게 다른 것은 아니다. 옛날보다 물질적으로 많이 풍요로워졌다고 하지만 영상 매체들의 발달로 상대적인 비교가 가능해져 빈부와 귀천의 차이가 더욱 커졌다. 또한 전체 사회의 물질적인 풍요로 사람들의 욕구도 많아졌다.

그만큼 지도자의 처세도 더욱 복잡하고 어려워졌다. 그렇다고 나라를 잘 이끌어 나가는 일을 포기할 수도 없는 일이기에 옛 명철한 임금들의 예를 잘 명심하고 효의 정신을 이어받아 공경하고 삼가하는 행실로 덕을 쌓아야 할 것이다.

비록 시대는 변했다 하더라도 인간이라는 자체, 어버이가 있다는 그 자체는 변하지 않았으며 부모와 자식의 관계는 계속되기 때문이다.

모든 사회는 독불장군이 있을 수 없는 일이고, 많은 구성원과 지도자가 서로 어울려 사회를 만들어 가는 것이니 중요 구성원들인 각 개인들은 지도자를 도와 같이 좋은 세상을 만들기 위해 노력해야 할 것이다.

가정에 있어서도 가족 구성원 모두 협력하여 평화롭고 화목한 가정을 만들어 밝고 올바른 사회가 되도록 해야 한다.

가령 가장은 인애심으로 언행을 바르게 하고 솔선수범하는데 아내는 사악하고 사치와 낭비만을 일삼으며 제대로 내조하지 못하고 자녀들은 패륜적인 행동만을 하게 된다면 가정은 화목할 수 없고 제대로 가정다운 가정이 될 수 없는 것이다.

효란 사랑과 은혜에 돌려드리는 아름다운 미덕이다. 국가에 가정에 자신이 받은 사랑과 은혜에 대한 보답으로 진실되고 충실한 삶을 살 때 인간으로서 책임과 의무를 다했다 할 수 있을 것이다.

子曰 昔者 明王[1]之以孝 治天下也엔 不敢遺小國之臣인데 而況於公侯伯子男[2]乎아 故得萬國[3]之懽心하여 以事其先王하나라 治國者는 不敢侮於鰥寡[4]인데 而況於士民[5]乎아 故得百姓之懽心하고 以事其先君이라 治家者는 不敢失於臣妾[6]인데 而況於妻子乎아 故得人之懽心하여 以事其親이라 夫然[7]故生則親安之하고 祭則鬼享之라 是以 天下和平하여 災害不生이요 禍亂[8]不作이라 故明王之以孝 治天下也 如此라 詩云 有覺[9]德行하니 四國順之라하나라

1) 明王(명왕) : 명철한 황제. 왕.

2) 公侯伯子男(공후백자남) : 중국의 천자(天子)가 제후(諸侯)로 봉하는
   데 있어 다섯 등급의 호칭. 공(公)과 후(侯)는 사방 1백 리의 땅을
   하사받은 제후이고, 백(伯)은 70리, 자(子)와 남(男)은 50리의 땅을
   봉토로 받은 제후들.

3) 萬國(만국) : 여러 나라. 사방의 나라라는 뜻.

4) 鰥寡(환과) : 홀아비와 홀어미.

5) 士民(사민) : 사(士)의 계급과 평민.

6) 臣妾(신첩) : 집안의 천한 사람. 노비와 첩실.

7) 夫然(부연) : 이와 같이. 이같은.

8) 禍亂(화란) : 인위적으로 일어난 재난.

9) 覺(각) : 대(大)와 같다.

자 가로되 "옛날의 명왕이 효로써 천하를 다스릴 때는 감히 소국의 신하라도 버리지 않았는데 하물며 공후백자남(公侯伯子男)에랴. 그러므로 만국(萬國)의 환심(懽心)을 득하여 그 선왕(先王)을 섬기나니라. 나라를 다스리는 자는 감히 환과(鰥寡)를 업신여기지 않는데 하물며 사민(士民)에랴. 그러므로 백성의 환심을 득하여 그 선군(先君)을 섬기니라. 집안을 다스리는 자는 감히 신첩(臣妾)을 잃지 아니하는데 하물며 처와 자식에랴. 그러므로 사람의

환심을 득하여 그 어버이를 섬기나니라. 이와 같이 하여 섬기면
어버이가 편안하고 제사하면 귀신이 흠향하느니라. 이로써 천하가
화평하여 재해가 발생하지 아니하고 화란이 일지 아니하나니라.
그러므로 명왕이 효로써 천하를 다스리면 이와 같으니라. 시에 이
르되 '큰 덕행이 있으니 사국(四國)이 따르리라' 하였느니라."

제9장 성인(聖人)의 다스림
(聖治章 第九)

"큰 효자만이 죽을 때까지
부모를 사모한다.
나이 쉰흔이 되어서도
부모를 사모하는 것을
나는 위대한 순임금에서 보았다."
『맹자』 만장 상편에서

제 9 장 성인(聖人)의 다스림

I. 성인(聖人)의 덕은 효가 제일이다.

증자가 말하였다.

"감히 묻겠습니다. 성인의 덕(德)은 효(孝)보다 더 나은 것이 없습니까?"

공자께서 말씀하셨다.

"하늘과 땅의 성(性)을 받고 태어난 것중 사람이 가장 귀(貴)하고 사람의 행동은 효도보다 더 큰 것이 없다. 효도는 아버지를 존경하는 것보다 더 큰 것이 없다. 아버지를 존경하는 것은 하늘에 짝해 드리는 것보다 더 큰 것이 없다. 이러한 행동을 한 사람은 곧 주공(周公)이니라.

옛날 주공께서는 시조(始祖)인 후직(后稷)에게 교사(郊祀)를 지냄으로써 하늘에 짝하여 드렸으며 아버지인 문왕(文王)을 왕궁 안에서 제사를 모시고 하느님과 짝하여 드렸다.

이에 온 천하의 직분(職分)을 가진 모든 이들이 제사를 도왔다. 대저 성인(聖人)의 덕이 이 이상 무엇을 효도 위에 더할 필요가 있겠는가?

그러므로 친애(親愛)하는 것은 부모의 슬하(膝下)에서 자랄 때 이루어지는 것이요, 부모를 봉양하는데 이르면 날마다 존경을 더하게 되는 것이다.

성인(聖人)은 이 존경하는 것을 근거로 하여 공경하는 것을 가르치고 친애하는 것을 근거로 하여 사랑을 가르치는 것이다.

성인의 가르침은 엄숙하지 않아도 자연히 이루어지고 정치는 엄하게 하지 않아도 다스려지나니 그 기인(基因)하는 근거로 삼는 것은 근본인 효(孝)니라."

▨ 공자(孔子)는 하늘과 땅의 기운을 받아 태어난 것중에서 가장 귀하고 뛰어난 것이 사람인데 사람의 행위중에서도 가장 큰 것이 효라고 하였다. 효에 있어 가장 큰 효는 아버지를 존경하여 하늘같이 높이는 것이라 하였다. 이러한 행동을 한 사람은 주공(周公)이라 하였다.

주공은 주(周)나라의 시조인 후직(后稷)의 위상을 높여, 하늘에만 지내는 교(郊)의 제(祭)를 하늘과 짝지어 함께 지냄으로써 하늘과 짝하게 하였으며 아버지 문왕(文王)을 상제(上帝)와 짝지어 궁궐 안에서 종묘대제를 지냄으로써 상제와 짝하게 해드렸다.

『회남자(淮南子)』에는 주공의 효도에 대하여 나와 있는데 다음과 같다.

"주공이 문왕을 섬길 때 행실을 독단(獨斷)으로 전횡(專橫)하는 일이 없었고 일을 자기 마음대로 처리하지 않았다.

몸가짐을 삼가하여 옷을 이기지 못하는 듯이 하였고, 말을 조심하여 입에서 나오지 못하는 듯이 하였다.

물건을 문왕에게 받들어 올릴 때에는 조심하고 삼가하여 장차 그것을 이기지 못할 것 같이 하고, 떨어뜨려 잃지 않을까 두려워하였다.

가히 아들의 도리를 능히 행했다고 말할 수 있다.”

이렇듯 주공(周公)은 아버지 문왕에게 공경과 사랑을 다하여 효도를 행했던 것이다. 그 공경과 사랑은 문왕이 죽고 천하를 통일한 형인 무왕(武王)에게 이어져 충성을 다했고, 무왕이 죽은 후 어린 조카 성왕(成王)을 보좌하여 주왕실의 기초를 다지고 발전을 이룩하게 하였다.

『퇴계언행록(退溪言行錄)』에는

“선조(先祖) 받듦은 정성과 공경을 위주로 할 것이요, 물질적 사치를 극히 할 필요는 없다. 선조의 사업을 지키는 일은 그 정신을 이어감에 있는 일이요, 끝내는 태만해짐을 근심함에 있는 것이다.”

라고 하였다.

선조를 받들 때 물질적인 면도 중요하지만 정성과 공경으로 선조의 사업을 지키고 그 정신을 이어 계속 지켜나가야 한다는 것이다. 태만해서 선조의 유업을 내팽개치고 안일하게 생활한다면 면면히 이어지는 선조의 유산(遺産)은 없어지고 정신적으로 의지할 곳이 없게 되며 조상 대대로 내려오던 지혜와 예의, 기술 등이 없어져 오히려 더욱 힘들고 괴로운 생활이 될 것이다.

한 나라가 다른 나라를 침입하여 완전히 자기 나라로 만들려면 먼저 그 나라의 정신부터 파괴하고 침입한 나라의 정신을 불어넣으려 하는데 그렇게 함으로써 완전히 자신의 나라에 동화되기 때문이다. 그러므로 옛날부터 조상 대대로 이어져 내려오는 정신의 귀중함을 모두가 알아야 할 것이다. 정신이 없으면 나라도 민족도 없는 것이나 마찬가지이기 때문이다.

사숙재(私淑齋) 강희맹(姜希孟 : 1424~1483)은

“옥도 갈지 않으면 맑은 그릇이 될 수 없고 쇠도 단련

하지 않는다면 좋은 칼을 만들 수 없다. 옥의 쓰임은 그릇에 있으나 갈아 만들 때는 반드시 사석(沙石)이 필요하고, 쇠의 쓰임은 칼에 있으나 단련하는 데는 반드시 도가니와 숯이 필요하다. 우리가 사석(沙石)이나 도가니, 숯같은 것을 꺼리게 된다면 옥은 언제나 땅속에 묻혀 있는 거친 구슬에 불과할 것이요, 쇠는 땅속에 있는 광석에 불과할 것이니 어찌 호련(瑚璉)같은 빛나는 옥이 될 수 있으며 용천(龍泉)같은 번쩍거리는 칼이 될 수 있으리오. 사람도 재질을 갈고 닦아 빛나는 인물이 되자면 단련이 필요함은 물론이다.”

라고 하였다.

나의 노력과 수고를 아끼지 않고 열심히 갈고 닦을 때 선조들의 유업은 빛나고 나의 발전이 있을 수 있다는 말이 아니겠는가.

현재 나의 위치가 권력의 높은 자리에 있고 부가 충만할 때 자신이 잘 나서 현재의 지위에 있는 것이라고 교만한다면 그 부귀영화는 오래가지 못할 것이다. 모든 것은 선조들의 오랜 유업이 바탕에 있기 때문에 그 위에서 자신이 그렇게 올라섰음을 알아야 한다.

선조들이 끼치신 은혜를 바로 알고 겸손하며 검약한 생활이 몸에 배이도록 하고 선조를 높이 받들어 높인다면 나의 부귀영화는 진정한 즐거움이요, 떳떳하게 오래도록 누릴 수 있는 것이다.

강석덕(姜碩德)이 한 번은 그의 아들 희안(希顏), 희맹(希孟)을 불러놓고 말하기를

“사람의 부귀영화 같은 것은 하늘에 달려 있으니 구한다 해서 얻을 수 있는 것이 아니다. 오직 다할 수 있는 일은 효도 우애 충성 믿음 예의 의리들 뿐이다. 이것들

이 부족하다면 다른 것이야 보잘것 없느니라."

고 하였다.

그후 두 아들이 과거에 급제하여 경사롭다 해서 어버이를 위해 큰 잔치를 베풀려 하니 반대하면서

"영화(榮華)는 내 좋아하는 바가 아니다. 영화 있으면 반드시 욕보는 일도 있으리라."

하였다. 두 아들은 모두 문학(文學)으로 유명했을 뿐 아니라 평생 청렴하고 근신하는 몸가짐으로 지냈다.

프랑스가 자랑하는 세계적 과학자로 '우유의 소독법' '공수병(恐水病)의 면역법' '효모균의 발견' 등 인류에게 많은 공헌을 한 루이 파스퇴르(Louis Pasteur)가 욕심이 많았다면 자신의 모든 발명과 발견에 대해 특허권을 개인 앞으로 따놓아 아마도 세계에서 제일 가는 재벌이 되었을 것이다. 그러나 그는 재물에 대한 욕심 없이 평생을 청빈하게 지내며 늘 말하기를

"나는 돈을 벌기 위해 연구한 것이 아니고 학문을 위해 연구하였다. 나의 알뜰한 연구는 세계 인류에게 행복을 안겨주는 일이다."

하였다. 결국 그는 모든 것을 남에게 제공, 봉사하면서 가난한 생활로 만족하였다.

그는 자신의 부를 생각하지 않고 오직 인류를 위해 연구하였기에 위대한 발견과 발명으로 모든 사람들의 생활과 건강에 도움을 주었다. 그의 무욕(無慾)과 봉사는 진정한 선비 정신과 통하지 않을까. 청렴과 봉사의 생활은 자신의 수양 없이는 행하기 힘든 일이다.

나의 마음을 잘 다스려 욕심을 조절할 수 있어야만 가능한 일이다. 이는 몸과 마음을 수양한 결과이다.

정한강(鄭寒岡 : 名은 逑 1543~1620) 선생이 말하기를

　"성인(聖人)의 성(聖)이란 것이나 현인(賢人)의 현(賢)이라는 것은, 알고 보면 너무 높고 먼 것이나 이상한 것만도 아니다. 마치 하늘에 오를 때 사다리를 밟고 한 칸씩 올라선다면 못오를 수 없는 이치나 다름 없다.

　사람이 자기를 성찰하지 못하고 자기 수양을 이루지 못한 까닭에 참으로 사람다운 사람을 거의 볼 수 없는 것은, 노력한다면 되는 것이지만 하지 않기 때문인 것이다. 기어이 성취한다고 하면 마침내 이루고 마는 것이다.

　이것을 초목에 비유한다면 새로 싹이 난 나무는 그 성장을 방해하거나 상하게만 하지 않는다면 반드시 하늘을 찌를듯이 자랄 것이요, 새로 뿌리 내리는 그 배양을 상하게 하지 않는다면 반드시 성숙할 것이다.

　오직 마음은 그치지 않겠다는 의지력이 가장 소중한 것으로 옛사람들이 가장 주장한 바는 먼저 뜻을 세움(立志)에 치중한다면 반드시 성취한다고 했다."

　고 하였다.

　먼저 뜻을 세우고 끊임없이 노력한다면 성인도 될 수 있는 것으로 나태하지 않으면 이룰 수 있는 것이다.

　이러한 성인은 모든 사람들의 귀감이 되기에 그의 언어, 동작 모두가 감화를 주어 다른 사람들을 가르치게 된다. 그러므로 성인의 가르침은 엄숙하지 않아도 종이에 물이 스며들듯, 나무가 양분을 빨아들이듯, 사람이 배가 고프고 목이 마르면 음식을 먹고 물을 마시듯, 자연히 이루어지는 것이다.

　모든 사람의 귀감인 성인의 행실의 기본은 모든 행실의 근본이라는 효(孝)와 그것을 실행하는 데에서 비롯된 것이다. 그러므로 효도와 공경과 사랑같은 것은 사람이라면 누구나 행할 수 있는 일이다.

曾子曰 敢問 聖人之德이 無以加於孝乎이까 子曰 天地之
性이 人爲貴요 人之行이 莫大於孝하고 孝莫大於嚴父하고 嚴
父莫大於配天[1]이라 則周公[2]其人也라 昔者 周公郊祀后稷[3]
하여 以配天하고 宗祀[4]文王[5]於明堂[6]하여 以配上帝[7]니라 是以
四海之內 各以其職來祭하니 夫聖人之德이 又何以加於孝
乎아 故로 親生之膝下하고 以養父母日嚴이라 聖人因嚴以敎
敬하고 因親以敎愛하니 聖人之敎이 不肅而成이며 其政不嚴
而治하니 其所因者 本也니라

1) 配天(배천) : 왕은 한 사람으로 하늘과 짝할 수 있다는 뜻. 왕조(王
　朝)에서 건국의 왕을 하늘에 배하여 제사지내는 관습.
2) 周公(주공) : 주나라 왕조의 기틀을 다진 성인(聖人)으로 문왕(文王)
　의 아들이며 무왕(武王)의 동생으로 성왕(成王)을 도와 예악을 제정
　한 사람으로 이름은 단(旦)이다.
3) 郊祀后稷(교사후직) : 교사는 하늘과 땅에 제사지내는 것으로 왕성
　(王城) 밖에서 행하는 제사. 후직은 주나라 시조(始祖)를 가리킨다.
4) 宗祀(종사) : 높이 추존하여 제사를 받드는 것.
5) 文王(문왕) : 은(殷)나라 말기의 제후로 서백(西伯)이라 칭하고 주나
　라의 왕조를 일으킨 사람으로 이름은 창(昌)이다.
6) 明堂(명당) : 천자가 거처하는 궁전을 명당이라고 말한다.
7) 上帝(상제) : 하느님.

증자 가로되 "감히 묻겠습니다. 성인의 덕이 효에 더할 것이 없
겠습니까?" 공자 가로되 "천지의 성(性)은 사람이 귀한 것이요,
사람의 행실이 효보다 큰 것이 없고 효도는 그 아버지를 존경하는
것보다 큰 것이 없으며 부를 존경하는 것은 하늘에 짝하는 것보다
큰 것이 없느니라. 곧 주공이 그 사람이다. 옛날에 주공이 후직

(后稷)에게 교사(郊祀)하고 하늘에 배(配)하였으며 문왕(文王)을 명당(明堂)에서 제사를 모셔 상제(上帝)께 배(配)하시니라. 이로써 사해(四海)의 내에 각각 직(職)으로써 와 제사를 도우니 대저 성인(聖人)의 덕이 또 어찌 효도에 더할 것이 있으랴. 그러므로 친애한 것이 슬하(膝下)에서 나고 부모를 봉양하는 것을 날로 엄하게 하는 것이라. 성인이 엄한 것으로 인하여 공경을 가르치고 친애한 것으로 인하여 사랑을 가르치나니 성인의 가르침이 엄숙하지 않아도 이루어지고 그 정치가 엄하지 않아도 다스려지나니 그 인용하는 바는 근본이니라.

2. 부자(父子)간은 하늘이 준 성(性)

"아버지와 자식의 관계는 하늘이 맺어준 천성(天性)으로 존엄한 것이다. 임금과 신하의 의리도 여기에서 비롯되는 것이다.

아버지와 어머니가 나를 낳으시어 후계(後繼)를 삼으니 인륜지대사(人倫之大事)가 이보다 더 큰 것이 없고, 임금의 존엄과 어버이의 친애한 것으로써 나라를 다스리니 두터운 은혜가 이보다 더 소중한 것이 없다.

자신의 어버이를 사랑하지 않으면서 타인(他人)을 사랑하는 사람은 덕(德)을 거역한 사람이라 말하고, 자신의 어버이를 공경하지 않으면서 타인의 어버이를 공경하는 사람을 가리켜 예절을 배반한 사람이라고 한다.

이러한 순리를 거역한다면 백성들은 규범으로 삼을 것이 없을 것이며 백성들은 착한 것을 따르지 아니하고 모두가 흉악하고 모진 것을 추종할 것이다. 비록 자신의 뜻을 이루었다 할지라도 군자(君子)는 귀하게 여기지 아니할 것이다. 또 군자라면 그러하지 않는 것이 원칙이다.

말할 때는 도(道)에 합당한가 생각하고 행동할 때는 남이 즐거워할 것인가 생각한다.

덕(德)과 의(義)는 가히 존경할 만하고 사업을 시행할 때는 가히 본받을 만하며 용모와 차림새는 가히 신분에 적합하게 하며 움직이고 정지하는 것을 법도에 알맞게 하는 것이다.

이와 같은 몸가짐으로써 그 백성의 위에 군림하면 이로써 그 백성이 두려워하고 사랑하며 법도로 삼아 본받게 된다.

그러므로 능히 덕의 교화(敎化)를 이루어 그 정치의 명령을 시행할 수 있다.

『시경』에 이르기를

'맑고 훌륭한 군자(君子)시여!

그 거동이 법도에 어긋나지 않는다.'

고 하였다.

▨ 하늘에서 자연적으로 부여받은 사랑과 공경이 부모와 자녀간의 관계에 있어서는 효(孝)가 되고 공적(公的)인 관계로 옮기면 의(義)가 되며 충(忠)이 된다.

가정이란 부모를 중심으로 살아가는 혈족집단을 말한다. 가정을 형성하는 가족구성원의 영원한 생명은 종족보존의 본능에 의해서 연연세세(年年歲歲)토록 이어나가게 된다. 따라서 자손을 이음으로써 대가 끊이지 않게 하는 것은 효의 대의(大義)다. '불효 가운데 가장 큰 것은 대를 이을 자손이 없는 것이다'고 유가(儒家)에서는 말했다.

이 세상에 태어나게 하고 생존케 한 부모의 은혜는 다른 것에 비할 수 없다. 그러므로 부모와 자녀들과의 관계는 모든 인륜 관계의 근간(根幹)을 이루고 있는 것이다.

시대에 따라서도, 장소에 따라서도, 그리고 어떠한 주권자의 이념에 따라서도 변하지 않는 것이 부모의 자녀에 대한 사랑이요, 자식의 부모에 대한 효도(孝道)인 것이다.

그러므로 이 불변의 사랑과 효의 심정은 진리에 근원을 드리운다고 말할 수 있다. 이와 같이 천부적으로 부여받은 천성은 사랑과 효로 나타나기 마련인 데도 불효를 저지르는 사람이 있다. 이는 불순한 욕망이 이성(理性)을 가리기 때문이다.

인간의 욕망은 마치 먼지가 끼어 바깥 사물이 제대로 보이지 않는 유리 창문과도 같아 생각을 흐리게 한다.

개인의 사리사욕에 눈이 어두운 이기적인 욕망은 마음을 흐리게 하고 이성(理性)의 눈을 멀게 한다. 그러나 이러한 그릇된 욕망을 제거하고 바른 마음을 갖게 되면 천부적으로 부여받은 효심이 다시 되살아나게 된다.

따라서 마음을 닦는다는 말은 잘못된 욕망으로 가리워진 이성의 문을 닦는다는 말과도 같다.

가정 안에서는 효(孝)라고 말하는데 이 효심을 남에게로 돌려 사용하는 경우에는 의(義)로 바뀌게 된다.

퇴계선생의 제자인 이국필(李國弼)이 묻기를

"언젠가 말씀하신 바 어른을 위하여 똥을 치워주는 일에 관하여 부형이나 일가 어른들에게는 옳다고 생각했지만 직접 나의 부형이나 일가가 아닌 분들에게까지 이런 고된 일을 맡아야 옳을 것인지 의심하다가 다시 생각해 보니 역시 나의 부형이나 친척이 아닌 분에게도 존경의 예를 베풂이 옳다고 생각했습니다. 과연 옳은 일인지요 ?"

하니 퇴계 (退溪 : 名은 李滉. 1501~1570) 선생이 대답
하기를

"내 어버이 존경하고 내 어른 공경하는 것으로 미루어
남의 집 어른을 공경해야 하는 것이다. 다만 공경하는
예의는 그 사람에 따라 차등이 있을 뿐이다. 더욱 넓은
뜻에서 본다면 모두 나의 동포가 된다는 말이다. 이렇게
본다면 온 천하의 나이 많은 사람은 모두 나의 집 어른
이 되는 것이다. 내 어찌 우리 형님 받드는 심정으로 미
루어 남의 어른 섬기지 않으리오."

하였다.

사리사욕에 가려진 마음의 창에 낀 먼지를 닦아내 바르
게 보고 바르게 행동한다는 정신을 갖는다면 올바른 효
행과 의로운 행위로써 가정과 사회는 정화되어 밝아지게
될 것이다.

어느 아파트에 사는 사람이 있었는데 창문을 통해 건너
편 아파트 내부가 바라보였다. 그 건너편 아파트에서는
한 할머니가 뜨개질을 하고 있었는데 날이 갈수록 그 모
습이 뿌옇게 흐려졌다.

그 사람은 건너편 아파트에서 창문을 닦지 않아 창문에
먼지가 많이 끼어 더러워졌기 때문에 그 모습이 잘 보이
지 않는 것이라고 생각하며 그 주인이 무척이나 게으른
사람이라 생각하였다.

그런데 어느날 청소를 하면서 자신의 집 창문을 닦게
되었다. 자신의 집 창문을 닦고 보니 건너편 아파트의
할머니 모습이 너무도 선명하게 보였다.

결국 그는 건너편 아파트의 창에 먼지가 끼어 있는 것
이 아니라 자신의 집 창에 먼지가 끼어 있었던 것을 모
르고 있다가 뒤늦게야 그것을 깨닫게 된 것이다.

이와 같이 효도나 국가에 봉사하는 것은 맑은 눈, 맑은 마음으로 닦여져 있을 때에야 바로 알고 행할 수 있는 것이다. 남의 눈이 충혈되어 있는 것은 볼 수 있어도 자기 눈이 충혈되어 있는 것은 거울이 아니고는 제대로 볼 수 없는 것과 마찬가지로, 부모에게 향하는 자기의 마음가짐을 스스로 점검하는 것이 그리 쉬운 일은 아니다.

양심(良心)이라는 거울이 없이 자기가 자신의 마음을 알 수 없는 것처럼 말이다.

그러므로 공자는 그 어버이를 사랑하지 않으면서 다른 사람을 사랑하는 것은 덕(德)에 어긋나며, 그 어버이를 공경하지 않으면서 다른 사람의 어버이를 공경한다는 것은 예(禮)에 어긋난다고 하였다.

부모와 자식과의 관계는 모든 인륜 관계의 근간으로 자기의 부모를 공경하고 효도하는 미덕을 더욱 확대하여 그 연장선상에서 다른 사람까지도 공경하는 것은 자연스러운 도리요, 순덕(順德)이라 할 수 있다.

부모를 공경하는 마음을 더욱 확대하고 연장시켜 남을 공경하는 것 또한 당연한 순서로서의 순례(順禮)라 한다. 그러나 이와는 반대로 자기의 부모에게 효도하지도 못하면서 남을 공경한다는 것은 근본을 버리고 가지나 잎을 취하려는 처사와도 같은 것이니 패덕이나 패례가 아니겠는가.

이는 마치 나무가 하나의 뿌리에서 천 가지 만 잎이 생겨나듯이 뿌리가 있고서야 그 가지나 잎이 있을 수 있는 것이기 때문이다.

인간의 타락이란 존재위치의 상실을 의미한다. 마땅히 있어야 할 자기의 위치를 떠나는 것이 타락이다. 한 가정에서 어른과 아이의 사이에 위계의 질서가 없어지면 그 가정은 망하게 되는 것이다.

자기의 부모도 몰라보고 경거망동한 행동을 하는 패덕자 패례자(悖禮者)가 아무리 남을 존경한다 하더라도 그것은 근본이 없는 존경으로 언제 어느 때 존경의 행위에 변화가 올지 모른다. 그러므로 이중인격자, 믿지 못할 사람으로 남의 눈에 비쳐 비난과 등돌림을 받을 것이다.

자기 부모에게 패덕하고 패례한 사람이 남을 공경한다는 것은 어떠한 수단을 위해서 일시적인 방편일 수 있을지는 몰라도 진정으로 남을 공경할 수 없는 일이다.

『소학(小學)』에 있는 이야기로 중국의 당(唐)나라 때 어사대부인 유변(柳玭)이 말하기를

"상국(相國) 왕애(王涯)가 재상의 지위에 있으면서 소금과 철 등의 이권을 장악하고 있을 당시 두씨(竇氏)에게 시집간 딸이 친정에 와 아버지 왕애에게 '옥공(玉工)이 아주 기이하고도 정교하게 잘 만들어진 비녀를 팔고 있습니다. 값은 70만 전이라고 합니다. 저에게 사주실 수 있으십니까?'라고 졸랐다.

왕애는 '70만 전이라면 나의 한달치 봉급에 해당한다. 결코 너를 위하여 쓴들 아까울 것이 없을 정도의 돈이지만 비녀 하나의 값이 70만 전이나 한다면 그것은 불길한 물건이다. 그 물건은 반드시 재앙을 가져올 것이다.'라고 말하였다. 딸은 그 말을 듣고 두번 다시 조르지 않았다.

그로부터 수 개월이 지난 후에 왕애의 딸이 어떤 집 혼인 모임에 갔다가 돌아와 왕애에게 '지난번에 말씀드렸던 그 비녀는 풍외랑(馮外郎)의 아내의 머리 장식품이 되었습니다.'라고 일러 주었다. 풍외랑이란 바로 풍구(馮球)를 말하는 것이다. 왕애는 한숨을 쉬면서 '풍구는 원외랑(員外郎)의 벼슬에 지나지 않는데 그 아내의 머리

장식품으로 70만 전을 썼다면 그는 도저히 오래가지 못할 것이다.'라고 말하였다.

풍구는 재상을 지내고 있는 가속(賈餗)의 집에 자주 드나드는 손님이 되어 각별히 친밀하게 지내는 사이였다. 가속의 하인중에 주인의 위세를 믿고 뽐내며 거만하게 행동하는 자가 있어 풍구는 이들을 불러 그와 같은 행동을 훈계하였다.

그후 열흘도 채 못되어 풍구는 아침 일찍 가속을 뵈러 갔는데 두 사람의 시녀가 지황주(地黃酒)를 받들고 나타나 그 술을 풍구에게 마시게 하였다. 그러자 잠시 후에 풍구는 숨이 끊어져 죽었다. 가속은 풍구를 불쌍히 여겨 눈물을 흘렸으나 결국 그의 죽음에 대한 까닭은 알지 못하였다.

그 다음 해에 왕애와 가속은 화(禍)에 말려들어 사형에 처해졌자.

생각건대 왕애가 진귀한 장난감과 기이한 물건을 불길한 것으로 여긴 것은 참으로 도리를 아는 말이다. 그러나 그는 물건의 불길한 것만 알고 자기가 임금으로부터 받는 은총과 이권이 너무나도 성대한 것의 불길함이 물건의 불길한 것보다 더욱 심한 화를 불러 일으키는 것이라는 것을 알지 못했다.

풍구는 원외랑이라는 낮은 지위에 있으면서 비싼 물건을 탐내 본디 자기의 집조차 바르게 다스리지 못하면서 섬기는 주인에게 마음을 다하여 충성하려다가 스스로 멸망하게 되었으니 이것은 말할 나위도 없는 당연한 결과이다. 또 가속은 자기의 하인들이 자기 집에 드나드는 손님을 자기 집안에서 죽였는데도 그 까닭을 모르고 있었다. 이래서야 오래 부귀를 누리려 해도 할 수 있겠는가.

이 이야기는 단지 한 가지 사건을 취급한 것이지만 여러 가지 교훈을 내포하고 있어 우리에게 많은 경계함을 준다. "

라고 하였다.

사람은 우선 사람다워야 한다. 사람답다는 말은 사람으로서의 인격이 도야(陶冶)된 사람을 말한다. 사람으로서 바른 길을 걷는 사람은 아무리 가난하더라도 결코 그 지조를 꺾지 않는다고 하였다.

오동나무는 천 년을 늙어도 그 소리는 변함이 없고, 매화꽃은 일평생을 추위에 떨어도 그 향기를 팔지 않는다 (桐千年老恒藏曲 梅一生寒不賣香)고 하였다.

이 얼마나 고결한 인품인가. 사람으로서의 이러한 품격은 마음에서부터 우러나는 것이지 하루 아침에 작위적으로 되어지는 것은 아니다.

효행에 있어서도 그렇다. 진심에서 우러나오는 행실이지 결코 거짓으로는 행할 수 없는 것이 효행인 것이다.

공자가 말한대로 하늘같이 큰 존재는 절대적인 은혜를 베풀면서도 자랑하는 법이 없듯이, 부모들도 자녀에게 한없는 사랑으로 은혜를 베풀면서도 자랑하지 않는다.

윗사람은 그 언어 행동이 조심스러워야 한다. 정부의 관료가 법을 어기고 부정을 저지른다거나 교육자가 자기의 위치를 망각한 채 추행을 저지른다면 국민은 동요하게 될 것이다.

윗물이 맑아야 아랫물도 맑다는 말이 있다. 윗사람이 먼저 솔선수범해야 아랫사람이 따르게 된다는 것은 정한 이치이다. 많은 위정자들이 실언을 하는 것을 보아 왔다. 국민에게 말한 것, 국민에게 약속한 것은 반드시 실행으로 옮겨야 함에도 불구하고 거짓말을 일삼는 이들을

보게 되는데, 이러한 사람들은 언젠가는 패가망신을 하
게 된다.

공자께서 말씀한 바와 같이 군자는 배부르게 먹을 것을
바라지 않고 편안하게 기거(起居)하는 것을 구하지 않으
며, 모든 일에 민첩하며, 말을 삼가고 도를 취하여 바르
게 나아가야만 학문을 좋아한다고 할 수 있을 것이다.

그리고 또한 군자는 중후하지 않으면 위엄이 없고, 학
문도 견고하지 않으며, 충성과 신용을 주로 삼되 나보다
도 못한 사람을 사귀지 말 것이라 했다.

또 자신에게 허물이 있거든 고치기를 꺼려하지 말라고
하였는데, 우리는 이러한 가르침들을 다시금 귀담아 듣
고 실행에 옮기려 노력해야 할 것이다.

父子之道는 天性也오 君臣之義也라 父母生之하니 續莫大
焉이라 君親臨之하니 厚莫重焉이라 故로 不愛其親 而愛他人
者는 謂之悖德[1]이요 不敬其親 而敬他人者는 謂之悖禮[2]라
以順則逆이면 民無則[3]焉이요 不在於善하고 而皆在於凶德[4]이
라 雖得之君子[5]不貴也라 君子則不然이니 言思可道하고 行
思可樂이라 德義可尊하고 作事可法이며 容止可觀하고 進退可
度[6]라 以臨其民이라 是以其民이 畏而愛之하고 則而象之라
故로 能成其德敎하여 而行其政令이라 詩云 淑人[7]君子여 其
儀不忒이라하니라

1) 悖德(패덕) : 부덕(不德)하다와 같다.

2) 悖禮(패례) : 예의에 거스르다. 예의에 어긋나다. 예의를 거역하다.

3) 則(칙) : 법칙.

4) 凶德(흉덕) : 패덕과 같다.

5) 君子(군자) : 도덕이 충만한 사람으로 남의 사표가 되는 자.

6) 可度(가도) : 법도에 알맞다.

7) 淑人(숙인) : 어진 사람을 지칭한다.

"부자의 도는 하늘의 성(性)이요, 군신의 의리이다. 부모가 낳으시니 대를 잇는 것보다 큰 것이 없느니라. 군친이 다스리시니 두터운 것이 더 중한 것이 없느니라. 그러므로 그 어버이를 사랑하지 않고 타인을 사랑하는 자를 패덕(悖德)이라 이르고 그 어버이를 공경하지 아니하고 타인을 공경하는 자를 패례(悖禮)라고 이르나니라. 이러한 순리를 거스르면 백성은 법칙으로 삼을 것이 없을 것이다. 선한데 마음두지 않고 다 흉덕에 있을 뿐이니라. 비록 뜻을 얻은 군자(君子)라도 귀히 여기지 아니하리라. 군자는 그러하지 아니할 것이니 말이 도에 합당한가 생각하고 행할 때 즐거울까 생각하리라. 덕과 의를 가히 존경하고 일을 하는데 가히 법칙으로 삼으며 용모와 행동은 가히 볼만하게 하고 진퇴는 법도가 될 만하게 하는지라. 그 백성에게 임하는 것이다. 이로써 그 백성이 두려워하고 사랑하며 법칙으로 삼아 본받으리라. 그러므로 능히 그 덕교(德教)를 이루어 그 정령(政令)을 행하게 되리라. 시에 이르기를 '숙인군자여! 그 예의가 어긋나지 않을 것이다.'라고 하였다."

제 10 장 효행에 대한 기록
(紀孝行章 第十)

공자가 말하였다.
"효성스럽구나! 민자건이여!
그 부모나 형제가
그를 칭찬하여도 남이
이의(異議)를 제기하지 않는구나"
『논어』 선지편 '공자'

제 10 장 효행에 대한 기록

1. 부모를 섬기는 방법

공자께서 말씀하셨다.

"효자 (孝子)가 어버이를 섬기는데 있어서 평상시에는 그 공경하는 마음을 다하고, 봉양할 때에는 즐거움이 이르도록 한다. 어버이가 병 (病)이 드셨을 때에는 근심하는 마음을 다하며, 어버이가 돌아가셨을 때에는 그 슬픔을 다한다. 어버이의 제사를 모실 때에는 그 엄숙함을 다해야 하는 것이다.

이 다섯 가지가 갖추어진 뒤라야 능히 어버이를 섬겼다고 할 수 있다.

또 어버이를 섬기는 사람은 남의 윗자리에 있으면 교만하지 아니하며 남의 밑에 있어서도 어지럽히지 아니하며 사회 생활을 하면서도 다투지 아니하는 것이다.

남의 윗자리에 있으면서 교만하면 패가망신 (敗家亡身)하는 것이요, 남의 밑에 있으면서 어지럽히면 형벌이 있을 뿐이며, 사회 생활을 하면서 다투면 몸에 상처를 입는 것이다.

이 세 가지를 없애지 아니하면 비록 날마다 소 양 돼지 고기 등의 진수성찬으로 봉양한다 하더라도 오히려 불효가 될 뿐이니라."

▨부모(父母)가 평소 무사할 때에는 특별히 섬기는 방법이 있는 것이 아니라 공경하고 사랑하는 마음을 가지고 섬길 것이며, 결코 자신보다 배움이 적더라도 아무것도 모른다는 듯한 태도를 가져서는 안 된다.

부모를 봉양함에 있어서는 의복과 신변의 시중을 들며, 날마다 음식을 바칠 때 안색을 부드럽게 하고, 말씨는 공손하게 하며, 행동도 얌전하게 하여 어버이의 마음을 편안하게 하지 않으면 안 된다.

진(晉)나라의 서하(西河) 사람 왕연(王延)은 어버이를 모시어 받드는데, 언제나 어버이의 얼굴빛을 보아 지금 어버이가 무엇을 어떻게 하여주기를 원하고 있는지 그 뜻을 미루어 살폈다. 그 뜻이 아무리 어렵고 괴로운 일이라도 조금도 싫은 기색을 나타내 보이지 아니하고 부드러운 낯으로 어버이를 대하고 어버이의 소원이 이루어지도록 효도를 다하였다.

더운 여름에는 베개와 누우실 자리를 부채질하여 더위를 식혀 드렸으며 추운 겨울에는 자신의 몸으로 어버이가 덮으실 찬 이불을 따뜻하게 녹여드렸다.

추위가 한창인 깊은 겨울날 자신은 추위를 이기기 위하여 몸을 감싸야 할 만족할 만한 옷가지 하나 없으면서도 어버이에게는 입에 맞는 맛있는 음식을 장만하여 대접하면서 조금도 불만이나 불평없이 즐거운 마음으로 극진히 모시어 받들었다.

비록 이와 같은 극진한 정성을 다하지 못한다 하더라도 부모의 마음을 편안하게 해드리기만 하는 것도 매우 큰 효도라 할 수 있다. 그렇다고 무조건 부모에게 복종하고 잘못된 명령을 따르거나 잘못된 습관을 고쳐드리지 못하는 것도 불효라 할 수 있으니 부모의 잘못된 명령이나 습관은 기분을 상하게 해드리지 않으면서 부드러운 얼굴과 목소리로 말씀드려 고치시도록 하여야 한다.

『예기 (禮記)』 내칙 (內則) 에

"부모에게 허물이 있으면 기운을 낮추고 얼굴빛을 온화하게 하고, 말소리를 부드럽게 하여 허물을 고치시도록 간곡하게 간 (諫) 한다. 만약 간한 것을 받아들이지 않으시면 공경하고 효도하여 부모가 기뻐하시면 다시 간한다.

부모가 기뻐하지 않으셔도 부모로 하여금 마을과 사회에 죄를 짓게 하기보다는 차라리 귀에 익숙해지도록 간해야 한다. 부모가 노여워하시며 기뻐하지 않으시고 매질을 하시어 피가 흘러도 감히 미워하거나 원망하지 않고, 공경하며 효도하는데에 더욱 힘써야 한다."

고 하였다.

어떠한 경우라도 부모를 봉양함에 있어서는 정성과 사랑을 다하며 부모 앞에서 부드러운 목소리와 온화한 얼굴로 대하고 몸가짐을 가지런히 하여야 한다는 것이다.

어찌 자식으로서 감히 부모에게 큰소리로 나무라거나 원망하거나 불만의 말을 할 수 있겠는가. 어찌 부모 앞에서 화난 얼굴로 마구 행동할 수 있겠는가.

자식의 약간 찡그리는 얼굴에도 부모의 마음은 천갈래 만갈래 찢어지고 근심걱정으로 며칠을 지새우시는 것인데 화난 목소리와 얼굴은 얼마나 부모의 마음을 아프게 해드리고 걱정하게 해드리겠는가.

그러므로 언제나 부드러운 목소리 온화한 얼굴로 부모의 마음을 편안하게 해드리는 것이 가장 근본적인 효도이다.

『예기(禮記)』에

"효자로서 부모를 사랑하는 마음이 깊은 사람은 반드시 온화한 기운이 있고, 온화한 기운을 가진 사람은 반드시 즐거워하는 빛이 있으며, 즐거워하는 빛이 있는 사람은 반드시 온순한 모습이 있다.

효자는 부모 모시기를 옥(玉)을 잡은듯 하며 가득찬 그릇을 받든듯 하여 정성스럽게 하고 조심조심하여 이기지 못할 것 같이 하고 장차 떨어뜨려 잃을 것 같이 한다.

엄숙하며 의젓하여 남을 두려워하게 만드는 것은 어버이를 섬기는 도리가 아니다."

라고 하였다.

부모에게 병이 생겼을 때는 진심으로 근심하고 신속하게 치료를 하며, 밤낮으로 정성껏 간호하여 낫게해 드려야 한다.

송(宋)나라의 이천(伊川) 정이(程頤) 선생은 말하기를

"어버이가 병을 얻어 자리에 누워계실 때 이를 의사로서 의술도 충분히 갖추지 못한 돌팔이 의사에게 맡기는 것은 사랑하지 않고 효도하지 않는 것과 똑같다. 그러므로 어버이를 섬기는 자는 의술을 알지 않으면 안 된다."

라고 하였다.

남조(南朝)의 제(齊)나라에 유검루(庾黔婁)라는 사람이 있었는데 잔릉현(孱陵縣)의 장관이 되었다. 임지에 도착해 채 열흘도 못되어 고향집에 계신 아버지 이(易)가 갑자기 병에 걸렸다.

검루는 홀연히 가슴이 두근거리고 온몸에 땀이 흘렀으므로 그날로 즉시 관직을 버리고 집으로 돌아왔다. 가족들은 모두 그가 별안간 돌아온 것에 놀랐다. 바로 그때가 아버지가 병에 걸린 지 이틀째 되는 날이었다.

의사가 "병이 나아가는지 또는 더 중해가는지를 알려면 환자의 변을 맛보아 그 맛이 달콤한지 아니면 쓴지를 보면 된다."라고 말하였다. 아버지가 설사를 하여 검루가 곧 그 변을 찍어서 맛을 보니 그 맛이 달고 매끄러웠다.

검루는 마음으로 더욱더 근심하고 괴로워하면서 매일같이 밤이 되면 북극성을 향해 이마를 땅에 대고 절하면서 자신의 몸으로 아버지의 병을 대신하기를 기원하였다.

요즈음 효자효부로 표창을 받는 사람들을 보면 어려운 환경 속에서도 잘못된 길로 빠지지 않고 반신불수된 부모이나 시부모의 병구환을 몇 년씩 해내면서 꿋꿋하게 살아간다.

부모의 병간호는 자식이라면 당연한 일인데 대소변을 받아내고 약값을 마련하고 하는 것이 어렵고 힘들다고 병든 부모를 버리고 어디론가 사라지는 패륜아들로 이 사회에서 개탄의 소리가 나온다.

그렇게 부모를 버린 사람이 자식에게 온전히 효도를 받을 수 있겠는가. 그 아버지에게 배운 것으로 그 자식도 늙고 병들어 누워 있는 부모를 버리고 달아날 것이다. 그때 후회한들 되돌릴 수 있겠는가.

또한 부모가 돌아가셨을 때는 그 슬픔을 다한다 하였다. 옛날 사람들은 부모가 돌아가시면 일정기간 일체의 음식을 먹지 않았고 고기같은 기름진 것이나 맛있는 음식을 먹지 않았다. 증자는 아버지가 좋아하던 기호식품을 죽을 때까지 절대 먹지 않았으니 먹지 않은 것이 아니고 먹지를 못하였다. 그 음식만 보아도 돌아가신 아버지 생각이 나 슬픔으로 음식이 넘어가지 않았기 때문이다.

부모를 잃은 슬픔으로 음식을 먹지 못하고 부모는 땅속에 묻혀 계신데 어찌 음식이 넘어가느냐며 실신할 정도로 슬퍼하였다.

김덕숭(金德崇)은 진천인(鎭川人)으로 나이 72세에 부친상을 당해 여묘(廬墓)살이 하면서 너무나 슬퍼했다. 마을 사람들이 나이가 많은 사람이 저러다가 병이나 들지 않을까 하여 말렸으나 그는 대답하기를

"아버님은 땅속에서 괴롭게 계시는데 자식은 집에서 편안하게 있다는 것은 나로서 차마 견딜 수 없으니…"

하면서 듣지 않았다. 상(喪)을 마친 후에는 부모가 살아계실 때 앉았던 자리만 보아도 눈물이 흘렀다.

그가 죽었을 때 광해군(光海君)은 지극한 그의 효성을 가상히 여겨 그의 두 아들에게 벼슬을 주었고 묘옆에다 비석을 세워 효도의 본보기로 표했다.

규암(圭菴) 송인수(宋麟壽 : 1487~1547)는 어릴 때 어머니를 여의고 너무도 슬퍼하여 상주가 깔고 앉은 짚자리가 눈물로 썩었으며, 제비가 그의 여막에 집을 지어 살았는데, 제비 알이 모두 하얗게 까였으므로 사람들은 그의 효성에 감동해서 그런 일이 생겼다고 하였다.

어버이의 제사에는 그 엄숙함을 다해야 한다고 하였으니 이미 돌아가신 분이라도 가벼이 생각하지 말고 정성을 다하라는 뜻이다.

조지서(趙之瑞 : ? ~1504)의 처 정씨(鄭氏)는 정몽주(鄭夢周) 선생의 증손녀였다. 연산군 갑자년 여름에 조지서가 갑자사화(甲子士禍)에 몰려 잡히게 되었다. 부인 정씨와 헤어지며 말하기를

"내가 지금 간다면 아마 돌아오지 못할 것이오. 할아버님 신주(神柱)는 어떻게 하겠소?"

하니 정씨가 대답하기를

"제가 목숨 걸고 지키겠습니다."

하였다. 조지서는 그 길로 화를 당하고 집마저 몰수당
해 부인은 갈 곳이 없었다. 친정 아버지가 친정에 와 있
으라 하니 정씨는 울면서

"죽은 사람이 저에게 조부의 신주를 부탁했기 때문에
제가 목숨 걸고 지키겠다 했습니다. 그것을 어찌 저버릴
수 있겠습니까."

하고는 신주를 껴안고 다시 시댁을 찾아 지성껏 제사를
받들고 아침 저녁으로 울면서 3년상을 마쳤다.

임금이 바뀌어 중종(中宗)이 즉위하였을 때 이 사실이
조정에 알려졌고 그녀의 효를 표창하였다.

『곡례(曲禮)』에

"군자는 비록 가난하더라도 제기(祭器)를 팔지 않으며,
비록 춥더라도 평상시에 제복을 입지 않으며. 집을 짓기
위해 무덤의 언덕에 둘러 있는 나무를 베지 않는다."

라고 하였다.

『왕제(王制)』에는

"대부(大夫)는 나라의 녹을 먹는 높은 벼슬아치다. 그
와 같은 지위에 있으면서 제기(祭器)를 남에게 빌려 쓴
다면 조상을 위하는 성의가 없는 것이다. 그러므로 절대
제기를 남에게 빌리지 않으며 제기를 장만하지 않고는
자신의 몸을 편안하게 하는 기구를 만들지 않는다."

고 하였다.

어버이를 섬기는데 있어 평상시와 봉양할 때, 어버이가
병이 났을 때, 어버이가 돌아가셨을 때, 어버이의 제사
를 모실 때의 공경과 정성과 사랑을 다하는 이 다섯 가
지는 효행의 발로라 할 수 있다. 그중에서 세 가지는 살
아 생전에 섬기는 예이고, 그 중의 두 가지는 사후에 섬
기는 예이다. 이 다섯 가지의 예를 갖추고 나서야 능히

부모를 섬긴다고 할 수 있는 것이다.

부모를 섬기는 자는 그가 남의 윗자리에 있는 높은 신분이라 하더라도 항상 공경으로 아래에 임할 것이며, 순간이라도 교만해서는 안 된다.

월천(月川) 조목(趙穆 : 1524~1606)은

"내 몸을 보호하는 길은 겸손이 제일이니 주역(周易) 64괘에도 오직 겸손한 일에는 아무 흉이 없다고 했다."

라고 하였다.

남의 아랫사람이 되어서는 항상 공손하게 위를 섬기고 명을 받들어 순간이라도 남을 배반하고 세상을 시끄럽게 해서는 안 된다.

또 사회 생활에 있어 동료들과 항상 화목하여 일에 임하고 한 순간이라도 남을 업신여기거나 능멸하여 서로 다투어서는 안 된다.

만일 위에 있는 자가 교만하면 그 지위를 잃고 몸을 망치게 되며, 아래에 있는 자가 위를 범하면 그 몸이 형벌을 받게 된다. 그리고 동료끼리 서로 다투면 크게는 흉기를 휘두르게 되어 그 몸에 화를 자초하게 된다.

교만하거나 어지럽히거나 다투는 이 세 가지의 화근을 제거하지 않으면 망하게 되고, 형벌을 받게 되며, 나아가 전쟁으로 멸망의 화가 내 몸 뿐 아니라 부모에게까지 미치게 된다.

그렇게 되면 부모에게 아무리 값진 음식으로 봉양한다 해도 부모의 마음은 편안할 수가 없는 것이다. 이와 같이 자식된 자가 행동이 올바르지 않으면 부모에게 근심을 끼치게 되어 불행을 자초하게 된다.

부모들은 자기가 먹는 음식보다는 자식의 앞길에 더 관심을 갖게 마련이다. 자기가 굶어 죽는 경우가 닥칠지라

도 자식의 행복을 바라는 것이 부모의 사랑하는 심정인
것이다. 이러한 어버이의 심정에는 아랑곳 없이 좋은 음
식으로 봉양하기만 하면 다 되는 것으로 여기는 것은 큰
오산이 아닐 수 없다.

『퇴계집 (退溪集)』에

"물질적으로 부족한 봉양이 죄송스럽기는 하나 그렇다
고 이것을 얻으려 별별 짓을 해가며 얻을 필요는 없다.
요즘 사람들은 영양이나 잘 보충해 드린다고 나쁜 짓으
로 이득을 얻어 부모 봉양하고는 잘 봉친 (奉親)했다 자
랑한다. 그러면 옛날 이야기처럼 남의 집 산소에 제사드
린 음식이나 얻어다 드리고 봉양 잘 했다는 말이나 다를
것이 없는 봉양 방법이니 참으로 효(孝)의 개념이 달라
지고 마는 것이다. 그러므로 군자는 비록 봉양의 일이
급하기는 하지만 그렇다고 무슨 다른 변통을 꾸며가며
봉양하는 방법은 취하지 않아야 한다."

고 하였다.

여헌 (旅軒) 장현광 (張顯光 : 1554~1637)은

"비어있는 곳에는 모든 물건을 채울 수 있는 곳집 (창
고)이 되고, 고요함은 여러 변화의 기초가 되고, 곧음은
모든 일의 기준이 되고, 겸손함은 모든 이익의 자루가
되고, 검소함은 모든 복의 근원이 되느니라."

고 하였다.

공자는 말하기를

"군자는 태연하지만 교만하지 않고 소인은 교만하지만
태연하지 못하다."

고 하였다.

마음을 비우고 자기의 욕심을 앞세우지 않는다면 나날
이 덕이 더욱 쌓이게 된다.

덕이 쌓여서 점점 높아지게 되면 정신이 고요해진다. 마음이 고요해지게 되면 남과 다투지 않게 되고 자기가 행하는 모든 일이 도에 어긋나지 않고 들어맞게 되는 것이다. 이러한 경지에 올라 윗사람으로서 인자하고 아랫사람으로서 공경하고 동료간에 화목하며 다른 사람의 본보기가 될 때 부모의 마음은 흐뭇할 것이고 부모에게 욕된 일이나 말이 없을 것이다.

부모를 공경하고 좋은 음식이나 의복으로 봉양하는 것도 중요하지만 부모의 마음을 편안하고 기쁘게 해드리는 것이 더욱 중요한 효인 것이다. 그러기에 먼저 사람으로부터 손가락질 받거나 욕먹는 일이 없어야 한다.

몸가짐을 조심하고 언어도 삼가하여 교만하거나 어지럽힘 없이 사회에 화합하여 나아간다면 언제 어느 곳에서건 환영하고 좋아할 것이다. 그렇지 않고 언제나 잘난 체하고 이간질이나 하면서 자신의 출세를 위해서는 물불을 가리지 않는 그런 사람이 된다면 항상 부모의 마음에 근심걱정이 끊이지 않을 것이고 부모에게 좋지 않은 말이 돌아갈 것이다.

부모에게 욕됨이 돌아가게 하는 것은 큰 불효이다.

『미수기언(眉叟記言)』에

"어버이 공경할 줄 아는 사람은 발 한 번 놀려도 부모를 잊지 않고, 어두운 골목길을 더듬다가 실수하는 일이 없으며, 위험한 곳을 밟다가 몸마저 위태롭게 하는 일이 없다. 또 어버이 사랑할 줄 아는 사람은 말 한마디에 부모를 잊은 적이 없고, 거짓말이나 하고 다니다가 허물을 입는 일도 없으며 웃기 싫은 억지 웃음으로 남에게 아첨하는 일 따위는 하지 않는다."

고 하였다.

子曰 孝子之事親也는 居[1]則致其敬하고 養[2]則致其樂하고 病則致其憂하고 喪[3]則致其哀하고 祭[4]則致其嚴[5]이라 五者 備矣면 然後 能事親이라 事親者는 居上不驕하고 爲下不亂하며 在醜[6]不爭이라 居上而驕則亡하고 爲下而亂則刑하고 在醜而爭則兵[7]이니라 三者 不除면 雖日用三牲之養[8]이라도 猶爲不孝也니라

1) 居(거) : 평상시(平常時). 보통 때. 아무 때의 뜻.

2) 養(양) : 음식을 접대하고 잔치를 베풀 때. 곧 봉양할 때의 뜻.

3) 喪(상) : 돌아가셨을 때.

4) 祭(제) : 방안의 제사를 모실 때.

5) 嚴(엄) : 엄숙하게, 정숙하게의 뜻.

6) 醜(추) : 중(衆)과 같다. 곧 사회 생활을 할 때.

7) 兵(병) : 흉기로 몸에 상처를 입는 것.

8) 三牲之養(삼생지양) : 소·양·돼지를 삼생(三牲)이라 한다. 소고기, 양고기, 돼지고기인 고량진미의 봉양을 뜻한다.

자 가로되 "효자(孝子)의 어버이 섬김은 거(居)한 즉 그 공경을 이루고 봉양한 즉 그 즐거움을 이루고 병든 즉 그 근심을 이루고 상을 당한 즉 그 슬픔을 이루고 제사에는 그 엄숙함을 이루느니라. 이 다섯 가지를 갖춘 연후에 능히 그 어버이를 섬김이라. 어버이를 섬기는 자는 위에 거하면 교만하지 않고 아래 되면 어지럽히지 아니하며 무리에 있으면 다투지 않는지라. 위에 거하면서 교만하면 망하고 아래되어 어지럽히면 형벌을 받고 무리에 있어 다투면 병기에 상하느니라. 이 세 가지를 없애지 않으면 비록 삼생(三牲)의 봉양을 하더라도 오히려 불효가 되느니라."

제 11 장 다섯 가지 형벌
(五刑章 第十一)

"우리 마을의 정직한
사람은 그것과 다릅니다.
아비는 자식을 위하여 숨기고
자식은 아비를 위하여 숨기는데
정직한 것은 그런 부자간의
애정속에 있는 것입니다."
『논어』 자로편 '공자'

제 11 장 다섯 가지 형벌 (刑罰)

1. 형벌의 종류는 3천 가지다.

공자께서 말씀하셨다.

"다섯 가지의 형벌 (刑罰)에 속하는 죄 (罪)의 종류가 3천 가지나 된다. 그 가운데 불효 (不孝)보다 더 큰 죄악은 없는 것이다.

임금에게 강요 (强要)하는 자는 존경하는 상관 (上官)이 없어서이고, 성인 (聖人)을 비난하는 자는 법을 업신여기는 것이며, 효도를 비방하는 자는 자신의 어버이를 업신여기는 사람이다.

이것을 큰 혼란의 도 (道)라고 하는 것이다."

▨ 옛날 죄를 지은 죄인에게 형벌을 가하는 종류가 다섯 가지 있었다. 소위 오형 (五刑)이라 하는 것인데 그의 첫째가 먹물로 신체의 여기저기에 여러 가지 글씨를 새겨 어떠한 죄를 지었는지 알게 해주는 묵형 (墨刑)에 해당하는 죄가 천 가지이다. 두번째로 묵형보다 무거운 죄로 코를 베는 의형 (劓刑)에 해당하는 죄가 천 가지이고, 발뒤꿈치를 잘라 절름발이를 만드는 비형 (剕刑)에 해당하는 죄가 5백 가지이다. 남성의 심벌을 잘라 성불구로

만드는 궁형(宮刑)에 해당하는 죄가 3백 가지요, 사형을 시키는 대벽(大辟)의 형벌에 해당하는 죄가 2백 가지다.

5형에 해당하는 죄의 수가 도합 3천 가지가 되는데 그 가운데 불효보다 더 큰 죄악이 없다고 하였다.

모든 죄악은 불효에서 발생하기 때문에 죄를 짓는 것은 불효의 반영이며 자신이 이렇게 불효하고 있다고 선전하는 것과 마찬가지이다.

맹자(孟子)는

"세속(世俗)에서 이르는 바 불효가 5가지 있다. 그 몸을 게을리하여 부모의 봉양을 돌보지 않는 것이 첫째 불효요, 장기나 바둑을 두고 술마시기를 좋아하여 부모의 봉양을 돌보지 않는 것이 둘째 불효다. 금은보화와 재물을 좋아하고 처자는 잘 돌보며 부모의 봉양을 돌보지 않는 것이 셋째 불효요, 귀로 듣고 눈으로 보고 싶은 욕망에 빠져 부모에게 욕이 돌아가게 하는 것이 넷째 불효며, 용맹을 좋아하여 싸우고 거칠어져 부모를 위태롭게 하는 것이 다섯째 불효다."

라고 하였다.

오로지 일신의 편안과 영달, 처자식의 안정과 즐거움만을 위하며 부모는 나몰라라 하고, 좋고 나쁜 것을 가리지 않고 행한다면 얼마나 불효한 자식인가. 지아비를 그렇게 불효자로 만드는 것은 그 부인의 영향도 많다. 남편을 잘 내조(內助)하여 덕있고 효도하는 사람으로 이름이 나도록 해야지 어찌 자신의 안일만을 추구하여 타락하고 불효하는 사람으로 그냥 놓아둘 수 있는가.

가정의 화목은 아내로 인해 깨질 수 있다고 하였다. 남편이 열심히 지성으로 부모를 모시고 효도하려 해도 아내가 시부모를 싫어하고 공경하지 않는다면 가정의 화목은 있을 수 없다. 그러기에 부부가 합심하여 부모를 공경하고 봉양하면서 효도를 다해야만 진정 지성껏 받들 수 있다.

몸과 마음을 바쳐 정성껏 남편을 길러주신 시부모이신데, 그분들이 계시지 않으셨으면 남편이 있을 수 없는 것인데 하는 마음을 언제나 잊지 않고 친정부모 대하듯 사랑과 공경으로 모신다면 시부모의 성격이 아무리 모나다 하더라도 그 마음이 돌아서게 된다.

옛날 어느 고을에 아주 사이가 안 좋은 시어머니와 며느리가 있었다. 언제나 서로를 헐뜯으며 미워하여 집안이 편안할 날이 없었다.

시어머니는 동네방네 돌아다니며 며느리를 흉보고 못된 며느리라고 손가락질 하고, 집에 들어와서는 별별 트집을 다 잡아 며느리를 시집살이 시켰다. 며느리는 며느리대로 자신을 흉보고 시집살이 시키는 시어머니를 원망하며 하루빨리 죽기를 바랬다.

어느날 며느리는 몰래 의원을 찾아가 어떻게 하면 빨리 시어머니를 죽게 만들 수 있느냐고 물었다. 그랬더니 의원은 100일 동안 매끼마다 밤 세톨씩을 시어머니에게 드리면 100일 되는 날 시어머니가 죽을 것이라고 하였다.

며느리는 좋아라고 열심히 매끼마다 빠뜨리지 않고 밤 세톨씩을 시어머니께 드려 드시게 하였다.

며느리는 100일이면 미운 시어머니가 죽게 된다는 생각에 기쁜 마음으로 정성껏 밤을 드리니 시어머니는 며느리의 생각은 모르고 그 정성과 얼굴의 즐거운 기색을 보고 차츰 마음이 누그러졌다.

그리하여 며느리를 사랑하고 아끼게 됐으며 동네 사람들에게 며느리를 자랑하며 다녔다. 동네 사람들도 뽀얗게 살이 오르고 혈색도 좋아지고 즐겁게 며느리 자랑을 하는 시어머니를 보고 며느리를 칭찬하였다.

그러는 중에 100일이 가까워왔다. 그런데 100일이 가까워 올수록 며느리의 얼굴에는 즐거운 기색이 없고 점점 걱정스러운 얼굴로 핼쓱해져 갔다. 남편이 까닭을 물으니 한참을 망설이다가 사실을 털어놓았다.

"죄송합니다. 사실은 어머님을 미워하여 의원에게 가 어머님을 빨리 죽게 하는 처방을 물었더니 100일 동안 매끼마다 밤 세 톨씩을 어머니께 드리라 했습니다. 저는 매우 기뻐 열심히 처방대로 하여 이제 그 100일이 얼마 남지 않았습니다. 그런데 어머님이 얼마나 인자하시고 좋으신 분인지 예전에는 미처 몰랐었는데 요즘에서야 알게 되었습니다. 이제는 어머님께서 오래오래 사시면서 사랑을 베풀어 주시고 저의 봉양을 받으시며 즐겁게 사시기를 바라는 마음 간절한데 며칠 후면 돌아가시게 되니 그것이 너무도 걱정되어 이렇습니다. 용서하십시오."

남편은 그 이야기를 듣더니 크게 웃으면서

"의원님께서 당신과 어머님의 마음의 병을 고쳐 주셨구려. 걱정마시오. 어머님께서는 오래오래 사실 것이오. 밤이란 사람의 기운을 북돋아 주는 것이오."

하였다. 며느리는 너무도 기뻐하며 그후로 더욱 시어머니를 정성껏 봉양하고 공경을 다하였으며 시어머니 역시 며느리를 사랑하며 오래도록 화목하게 지냈다 한다.

남편은 아내하기 나름이라는 광고도 있듯이 현대는 여성의 목소리가 높은 시대이니 더욱 여성들의 가정에서의 역할이 중요한 때이다. 바쁘게 돌아가는 현대 사회에서 남편은 시대를 좇느라 가정을 살필 여유가 좀처럼 나지 않는다 하니 아내의 자식으로서의 도리를 다하는 역할은 그만큼 많아지고 중요해졌다. 또한 자식들의 교육을 담당하고 있는 어머니로서 자식들에게 몸으로 가르치는 산교육의 현장을 보여줄 수 있는 기회를 가질 수 있다.

효도를 다하는 사람은 언제나 공경하는 마음을 다하게 되고 그 마음을 일가 친척에게 옮기고 나아가 사회의 많은 어른들에게 옮겨 공경하게 되면 되바라져 방종하게 행동하지 않게 된다. 방종하지 않은데 어찌 사회에서 벌을 받을 행동을 하겠는가.

또 공경으로 부모를 모시는 사람은 경솔하게 목숨을 바칠 만한 일에는 끼어들지 않으니 지나친 용맹으로 사회에 혼란을 가져오는 일을 하지 않게 된다.

또한 몸가짐을 삼가하니 욕망에 빠져 부정부패하거나 도박에 빠지는 일이 없어 사회에 물의를 일으켜 욕먹는 일이 없다.

『내칙(內則)』에

"부모가 비록 돌아가셨더라도 장차 선한 일을 할 때 부모에게 명예가 돌아가게 될 것을 생각하고 반드시 과감하게 실행한다. 장차 불선(不善)을 행하려 한다면 부모에게 부끄러움과 욕됨이 돌아갈 것을 생각하고 반드시 과감하게 행하지 않는다."

라고 하였다.

부모가 살아계시던 돌아가셨던 언제나 부모에게 효도한다는 생각을 가져 살아계실 때는 공경과 봉양을 다하고 마음 편하게 해드려야 한다. 돌아가셨을 때라도 부모에게 욕됨이 돌아가지 않도록 몸가짐을 조심해야 한다.

몸가짐과 언어 등으로 죄를 지었을 때 죄에 대한 벌을 받는 것은 당연하지만 그것이 벌받는 것에서 끝나지 않고 반드시 자식을 잘못 가르친 부모의 탓으로 돌려져 그 부모를 욕하게 된다. 그 자식의 부모가 어찌 떳떳하게 얼굴을 들고 다닐 수 있겠는가. 모든 사람에게 죄인이 되어 다른 사람들을 피해 다니고 피해 살아야 하며 자식의 죄를 대신 속죄하며 평생을 괴롭게 살게 된다.

나의 잠깐의 실수 잠시의 감정으로 인한 죄 때문에 부모은 평생을 괴로움 속에서 지내야 한다면 이 얼마나 큰 불효인가. 그 불효의 근본은 방종과 나태에서 오는 것이다.

현대 사회에서 주어진 여건 속에서 열심히 일하고 부모에게 공경하며 이웃을 사랑하고 진지한 삶을 살아가는 것도 현대적인 새로운 효도이다. 효(孝)란 어려운 것이 아니다. 자신의 영역 속에서 최대한의 삶을 살아가는 것이 효도이기 때문이다. 이와 반대의 삶을 살아가는 것이 불효(不孝)이다. 그러므로 불효는 가장 큰 죄악이라고 한 것이다.

子曰 五刑[1]之屬三千인데 而罪莫大於不孝라 要君[2]者無上하고 非聖人者는 無法하고 非孝者는 無親하니 此大亂之道也니라

1) 五刑(오형) : 다섯 종류의 형벌. 곧 먹물 뜨는 형벌, 코를 베는 형벌, 발의 인대를 끊는 형벌, 고환을 제거하는 형벌, 목을 베는 형벌로 묵(墨)·의(劓)·비(剕)·궁(宮)·대벽(大辟)을 말한다.

2) 要君(요군) : 임금에게 구태여 강요하는 것. 협박하는 것.

자 가로되 "오형(五刑)의 무리가 삼천인데 죄(罪)는 불효보다 더 큰 것은 없다. 임금에게 요구하는 자는 윗사람을 업신여기고, 성인(聖人)을 비난하는 자는 법을 무시하며, 효도를 비방하는 자는 어버이를 업신여기나니 이것을 대란(大亂)의 도라고 하느니라."

제12장 중요한 도를 가르치다.
(廣要道章 第十二)

"백성들을 대함에 있어서
장중하게 임하면
백성들은 공경하게 되고
부모에게 효도하고
아랫사람에게 자애롭게 대하면
백성들은 충성하게 되고
착한 사람을 등용하고
능숙하지 못한 사람을 가르치면
그것이 권하는 것이다."
『논어』 위정편 '공자'

제 12 장 중요한 도를 가르치다

1. 효도(孝道)보다 좋은 것이 없다.

공자께서 말씀하셨다.

"백성에게 친애(親愛)하고 사랑을 가르치는데 있어서는 효도보다 더 좋은 것이 없으며, 백성에게 예절(禮節) 바르고 순종하게 하는데는 우애(友愛)하는 것보다 더 좋은 것은 없다.

사회의 새로운 바람을 불러 일으키고 옛 풍속을 바꾸는 데에는 음악보다 더 좋은 것이 없으며, 임금을 편안하게 하고 백성을 잘 다스리는데 있어서는 예절보다 더 좋은 것이 없다.

예절이란 것은 공경하는 것일 뿐이다. 그러므로 그의 아버지를 공경하면 자식이 기뻐하고, 그의 형을 공경하면 아우가 기뻐하며, 그의 임금을 공경하면 그의 신하가 기뻐하는 것이다.

한 사람을 공경하여 천 사람 만 사람이 기뻐하게 되는 것으로 공경하는 사람의 수는 적지만 기뻐하는 자의 수는 많은 것이다. 이것을 중요한 인간의 도(道)라고 하는 것이다."

▧ 효(孝)라는 글자는 '늙을 노(老)'자의 약자인 '耂'에 '아들 자(子)'자가 붙어 '아들이 늙은이를 업고 있다'는 뜻으로 형성된 회의문자(會意文字)이다.

이것은 어른을 섬긴다는 뜻으로 특히 자신의 어른을 섬기는 것을 말한다. 자기 어버이를 잘 섬기는 사람은 남의 어버이에게도 잘 할 뿐 아니라 형제, 일가친척, 이웃, 친구 등 누구에게나 다정하고 정성을 다해 대하게 된다.

매스컴에서 효도니 공경이니 많이 이야기하지만 그것보다는 사회 지도자가 몸소 효도로써 본보기를 보여준다면 백성들은 효도를 본받아 어버이를 잘 봉양하고 그 마음과 몸가짐을 이웃에도 미치게 한다. 그렇게 되면 온 나라에 사랑이 넘치게 될 것이다. 그러므로 백성에게 친애하고 사랑하는 것을 가르치는데는 효도보다 더 좋은 것이 없는 것이다.

먼저 어버이를 공경하고 잘 봉양하는 사람은 그 형을 또한 사랑하고 따르며, 형은 아우를 잘 보살피게 된다. 아우가 형을 높이고 따르며 형이 아우를 사랑하고 보살피는 우애 속에서 서로를 인격적으로 대하게 되고 또 그 속에서 자연스럽게 예절이 몸에 배는 것이다.

맹자(孟子)에게 제자인 만장(萬章)이 묻기를

"순임금의 부모는 순임금에게 곡식 창고를 수리하게 하고는 그가 지붕 위로 올라가자 사다리를 치우고 창고에 불을 질렀으며, 또 우물을 파게 하고는 그대로 묻어버렸다 합니다.

그런 후 이복동생인 상(象)은 '도군(都君)을 묻기로 계획한 것은 모두 내 공이다. 이제 소, 양 그리고 곡식은 부모에게 드리고 방패와 창, 거문고와 활은 내가 차지하

며 두 형수는 나의 잠자리를 보살피게 하리라.'하였습
니다.

그런데 형의 집에 가보니 뜻밖에도 순임금이 평상에 앉
아 거문고를 타고 있어 당황한 상은 '형님 생각이 간절
하여 왔습니다.'라며 부끄러워하는 빛이 있었다고 합니
다. 그런데 순임금은 '마침 잘 왔다, 너는 나를 위해 많
은 일꾼들을 다스려다오.' 하시었다니 순임금께서는 상
이 자기를 죽이려던 것을 몰랐던 것입니까 ?"

하였다. 맹자가 답하기를

"왜 몰랐겠는가. 다만 동생이 근심하면 같이 근심하시
고, 동생이 기뻐하면 같이 기뻐하셨던 것이다."

"그렇다면 순임금께서는 거짓으로 기뻐하신 것입니
까 ?"

"아니다. 옛날에 어떤 사람이 살아있는 물고기를 정자
산 (鄭子産) 에게 보내왔는데 자산이 연못 관리인을 시켜
연못에다 넣어 기르라고 하였다. 그런데 연못 관리인이
그것을 삶아 먹고는 자산에게 고하기를 '처음 놓아주었
을 때는 어릿어릿 하더니, 조금 있다가 생기있게 꼬리를
치며 물속으로 들어갔습니다.' 하였다. 이 말을 듣고 자
산은 기뻐하며 '그놈이 제자리를 찾아갔구나. 제자리를
찾아갔어.' 하였다.

이 말을 들은 연못 관리인은 물러나와 사람들에게 '누
가 자산을 지혜롭다 하였는가. 내가 벌써 삶아 먹어 버
렸는데 제자리를 찾아갔구나, 제자리를 찾아갔어 라고
하니 말이다.' 라고 하였다.

그러므로 군자를 속이려면 도리에 맞는 말을 해야지 도
리에 맞지 않는 말로는 속일 수 없는 것이다.

상이 형을 사랑하는 도리로써 대해왔으므로 순임금은

진정으로 기뻐하신 것이다. 어찌 거짓이 있었겠느냐.”

　“상은 날로 순임금을 죽이는 것을 일로 삼았는데도 순임금께서는 천자가 된 뒤에 단지 내쫓는 것으로 끝냈다고 하니 어찌 된 일입니까?”

　“실지로 순임금께서 동생인 상을 유비(有庳) 땅의 제후로 봉한 것이지 결코 추방한 것이 아니다. 그런데 어떤 사람들은 그를 내쫓은 것으로 알고 있는 것이다.”

　“순임금께서는 공공(共工)을 유주로 귀양보내고, 환두(歡兜)를 숭산으로 내쫓고, 삼묘족(三苗族)의 임금을 삼위에서 죽이고, 곤을 우산에서 사형에 처하였습니다. 이 네 사람의 죄를 밝힘으로써 천하가 다 복종하게 된 것은 불인(不仁)한 자를 처벌하였기 때문입니다.

　그런데 상은 지극히 불인한 자인데도 불구하고 유비 땅의 제후로 봉하였으니 그런 어질지 못한 임금 밑에서 시달려야 하는 유비 땅의 백성들은 무슨 죄가 있습니까. 어진 사람은 본래 이와 같이 불공평한 것입니까? 남에게 대하여는 엄격하면서도 자기 동생에 대하여는 오히려 제후를 봉하니 말입니다.”

　“어진 사람이 자기 동생을 대하는 태도는 노여움을 마음속에 두지 않으며, 원한을 품지 않고 오직 친하고 사랑할 뿐이다. 친하기 때문에 그가 귀하게 되기를 바라고 사랑하기 때문에 그가 부유하기를 바란다. 상을 유비 땅의 제후로 봉한 것은 그를 부유하고 존귀하게 해주기 위해서다. 자신은 천자가 되었으면서 동생은 일반 백성이라면 그것을 가리켜 친하며 사랑하는 것이라고 말할 수 있겠는가.”

　“감히 여쭙겠습니다. 어떤 사람은 그를 내쫓은 것이라 하는데 그것은 어떻게 되어 그렇게 한 것입니까?”

"상은 결코 나라를 다스려갈 만한 인물이 못되었기 때문에 순임금께서 직접 관리를 시켜 그 나라를 다스리고 세금을 받게 하였던 것이다. 그래서 그것을 가리켜 쫓아냈다고 말하는 것이다. 어찌 그 나라 백성들을 횡포하게 다스리도록 놓아둘 수 있었겠는가.

비록 그렇기는 하였으나 그를 항상 만나보고 싶어하셨으므로 끊임없이 늘 찾아오도록 빌미를 만들어 주었다. '조공(朝貢) 드릴 기일이 되지 않았는데도 정사(政事)를 가지고 유비의 임금을 만나보았다'고 한 것은 이것을 두고 한 말이다."

하였다.

이와 같이 순임금은 지극히 불인(不仁)한 동생을 사랑으로 보살펴 끝내 형제의 우애를 지켰던 것이다. 이복동생 상도 순임금의 사랑으로 순임금을 따르게 되었던 것이다. 만약 상이 순임금 자신에게 하는 불인한 짓을 일반 백성들에게도 하여 사회적으로 큰 물의를 빚었었다면 순임금이 아무리 동생을 사랑하였다 하더라도 동생을 죽일 수밖에 없었을 것이다. 백성을 가르치는데 있어 본보기를 보여야 하는 지도자였기 때문에 더욱 사랑으로써 동생을 이끌어 끝내는 좋은 본보기가 되었던 것이다.

중국 송(宋)나라의 사마온공(司馬溫公)은 그의 형 백강(伯康)과 우애가 매우 깊었다. 백강의 나이가 바야흐로 80세가 다 되어 공이 형을 모셔 받들기를 엄격한 아버지와 같이 하였으며 보호하기를 어린아이와 같이 하였다.

식사 때마다 식사를 마친 다음 잠시 후에는 공이 형에게 묻기를 "시장하지 않으십니까?"라고 하였으며, 또 날씨가 조금 차가우면 형의 등을 쓸어주며 묻기를 "의복이 얇아 추위를 느끼지 않으십니까?"라고 하였다.

또한 안현(安玹 : 1501~1560)은 그 형 위(瑋)에게 공경을 위주로 형을 받들어 모셨으니 형 섬기기를 마치 어버이같이 모셨다. 말을 타고 있을 때 형을 만나면 꼭 내려서 인사하고 자리를 같이 하고 있을 때에는 그 옆에 엎드려 절하여 친절히 대답하고 근신하였다.

아우를 사랑하고 형을 따르며 서로 우애하는 것은 또한 효도하는 길이다. 아우는 형을 따르며 예절로써 받들면 우애가 깊어 어버이의 마음을 기쁘게 해드리는 것이다.

그러므로 세상 형제들이 모두 우애 있으면 예절은 자연스러운 행위가 되며 순종과 보살핌이 있으며 나아가 효도하게 되는 것이다.

모든 사람들이 어른을 공경할 줄 알고 서로 예의를 지킬 줄 알게 하려면 먼저 정서적으로 순화되어 있어야만 한다. 정서적으로 안정되어 있지 않고 공격적인 성격만을 모두 갖고 있다면 어찌 공경과 예의가 우러나올 수 있겠는가.

사람의 정서를 순화시켜 안정되고 부드러운 기질을 갖도록 만들기 위해서는 음악보다 좋은 것이 없다. 아름다운 화음이 조화를 이룰 때 마음에 기쁨이 넘치고 적극적이 되며 다른 사람에게 베풀 줄 아는 사람이 된다. 다른 사람에게 베풀게 되면 서로 사랑과 감사가 오가게 되며 그렇게 어울리게 된다. 사회 생활을 하며 서로 잘 어울릴 때 만족감도 있고 행복함에 젖게 된다.

타인과 잘 어울리지 못하는 사람들은 소외감과 자포자기, 스스로 못났다는 생각으로 괴로워하고 심지어는 자살까지 하게 된다.

음악은 민족성까지 나타내 준다고 하니 그 사회의 흐름과 문화를 나타내는 것은 당연하다 하겠다. 그러니 사람의 감성을 아름다운 쪽으로 발달시키는 그런 음악을 만들고 널리 보급시킬 때 사회의 분위기가 밝아져 누구나 부모를 사랑하고 공경하며 효도하게 되고 형제간에 우애가 깊게 되고, 일가친척, 나아가 모든 이웃에게 사랑이 미쳐 예절바르고 존중하여 화목하게 될 것이다.

맹자는 말하기를

"인(仁)의 실제는 어버이를 섬기는 일이요, 의(義)의 실제는 형을 따르는 것이며, 지(智)의 실제는 두 가지를 알아 거기에서 벗어나지 않는 것이며, 예(禮)의 실제는 그 두 가지를 조리에 맞도록 하는 것이며, 낙(樂)의 실제는 그 두 가지를 즐거워하는 것이다. 즐거워하면 어버이를 섬기고 형을 따르는 마음이 생긴다. 그런 마음이 생기면 어찌 그만둘 수가 있겠는가. 어찌 그만둘 수 있겠는가 하는 마음이 생길 정도에 이르면 자기도 모르는 순간에 발이 움직이고 손이 덩실거리게 된다."

고 하였다.

이것이 효도로 이끌려가는 길이기도 하다. 효도로 가는 길은 항상 자신에게는 괴로움이 따르게 마련이다. 이 괴로움이 즐거움으로 바뀔 때 효도는 이루어지는 것이다.

子曰 教民親愛는 莫善於孝요 教民禮順은 莫善於悌[1]요 移風易俗[2]은 莫善於樂이요 安上[3]治民은 莫善於禮니 禮者敬而已矣라 故로 敬其父則子悅하고 敬其兄則弟悅하며 敬其君則臣悅하니 敬一人而千萬人悅이라 所敬者寡 而悅者衆하니 此之謂要道也니라

1) 悌(제) : 우애하다. 형을 잘 섬기다의 뜻.

2) 移風易俗(이풍역속) : 풍속과 습속을 개량하는 것.

3) 安上(안상) : 임금을 잘 섬기는 것.

자 가로되 "백성에게 친애(親愛)를 가르치는데는 효(孝)보다 더
선한 것이 없으며, 백성에게 예순(禮順)을 가르치는데는 제(悌)보
다 더 선한 것이 없으며, 풍속을 옮기고 습관을 바꾸는데는 악
(樂)보다 좋은 것이 없으며, 상(上)을 편안하게 하고 백성을 다스
리는데에는 예(禮)보다 선한 것이 없으니 예란 공경일 따름이다.
그러므로 그 아비를 공경하면 아들이 기뻐하고 그 형을 공경하면
아우가 기뻐하며 그 임금을 공경하면 신하가 기뻐하나니 한 사람
을 공경하면 천만 사람이 기뻐하느니라. 공경하는 자 적지만 기뻐
하는 자 많으니 이를 요도(要道)라 이르는 것이니라."

제 13 장 지극한 덕을 펴다
(廣至德章 第十三)

"대저 효도 한 가지로써
백까지 선한 것을 이르게 하고
백가지 사악한 것을 물러가게 한다.
천하에 따를 것은 오직 효도일 뿐이다.
그러므로 사람을 논함에 있어서는
반드시 먼저 친근한
어버이에게서부터 하고난 뒤에
소원(疏遠)한 남에게 미치고
반드시 먼저 소중하게 여기는
어버이에게서부터 하고난 뒤에
가벼이 여길 남에게
미치는가를 보아야 할 것이다."
『여씨춘추 8람』 효행람에서

제 13 장 지극한 덕을 펴다

1. 효도를 가르친다는 것은

공자께서 말씀하셨다.

"군자(君子)가 효도로써 가르친다는 것은 각각의 가정을 방문하여 매일 매일 사람을 만나고 시행하는 것은 아니다.

효도로써 가르친다는 것은 온 천하(天下)의 사람의 아버지 된 자들을 공경하도록 하는 것이다. 형제간의 우애를 가르치는 것은 온 천하의 사람의 형된 자를 공경하도록 하는 것이다. 신하된 것을 가르친다는 것은 온 천하의 사람들의 임금된 자를 공경하도록 하는 것이다.

『시경』에 이르기를

'즐거운 군자는 백성들의 부모다.'

라고 하였다.

지극한 덕을 가진 자가 아니라면 그 누가 능히 백성들이 순종하는 것을 이처럼 위대하게 할 수 있겠는가."

▨지극한 덕(德)을 갖춘 군자(君子)는 내 마음을 살펴보아 타인에게 바라는 나의 마음을 가지고 타인의 마음을 미루어 헤아린다. 그러므로 부모의 마음을 미루어 살

펴 부모가 좋아하실 것, 싫어하실 것을 알아 싫어하실 것은 행하지 않고 좋아하실 행동으로 부모를 기쁘게 해드리고 부모를 정성껏 봉양하여 효도를 다한다.

이러한 군자의 효도는 이웃 사람들의 본보기가 되어 그들로 하여금 효도하게 하고 그런 영향은 자꾸 널리 퍼져 온 나라에 효도하는 풍조가 넘치게 된다. 나라 사람들 모두가 자신의 부모를 공경하여 효도를 다하게 되면 공경받지 못하는 부모가 없게 되는 것이다.

그러므로 군자는 효도로써 본보기를 보여주어 온 천하의 아버지 된 자들이 공경 받도록 가르치는 것이다.

군자의 우애 역시 효도의 한 줄기로 형을 따르고 순종하며 아우를 사랑하고 보살핌으로로써 부모의 마음을 기쁘게 해드린다.

형을 따를 수 있는 것은 형을 공경할 때 이루어지는 행동이므로 형제가 우애롭게 서로 따르고 사랑하면 자연히 아름답게 보이고 가정이 화목해 지며 효도가 되는 것이다.

이것 역시 온 나라 사람들의 본보기가 되어 가르침이 된다.

또한 군자는 사회를 혼란스럽게 하거나 국가 지도자를 난처하게 하지 않는다. 오히려 민중들에게 지도자를 어떻게 따라야 하는지 어떻게 공경하고 봉사해야 하는지 백성으로서 어떻게 행동해야 하는지 등을 행동으로 보여주어 나라의 발전과 안정에 도움을 준다.

이러한 군자는 언제나 끊임없이 스스로를 채찍질하며 근신하고 조심하여 덕을 잃지 않도록 노력한다.

맹자의 말씀에

"어버이를 기쁘게 해드리는데 도가 있으니 자신을 반성

하여 성실하지 못하면 어버이를 기쁘게 해드릴 수 없다. 자신을 성실하게 하는데 도가 있으니 선(善)을 밝혀 알지 못하면 그 자신이 성실하지 못할 것이다.

그러므로 성실 그 자체는 하늘의 도리(道理)이고 성실하고자 생각하는 것은 사람의 도리다. 지극히 성실한 것에 감동되지 않은 사람은 아직까지 없었고, 또 성실하지 않고서도 남을 감동시킬 수 있는 사람은 아직까지 있지 않았다."

는 말도 있듯이 성실로써 자신을 단련시켜야 한다.

자신의 몸을 닦는데 있어 옛 성현들은 나태해지는 것을 가장 경계하였으니 주세붕(周世鵬 : 1495~1554)은

"간절하고 간절하게 힘써 나아갈지어다. 조금도 마음을 해이하게 먹지 말라. 늘 내일이 있다고 미룬다면 아무런 진보도 보지 못할 것이다. 내일 또 내일 한다면 나의 백발이 쌓여 그때 또 내일을 찾아도 이미 늦어 후회한들 아무 소용이 없게 되고마는 것이다."

라고 하여 나태하게 오늘 할 일을 내일로 미루지 말라고 경계하였다.

김굉필(金宏弼 : 1454~1504)은 자제에게 훈계하기를

"너희들은 마음을 공경하여 두렵게 지니고 조금도 해이하거나 게으르지 말라. 남이 혹 시비하려 들거든 상대도 하지 말아라. 남의 악함을 말한다는 것은 마치 입에다 피를 품고 있음과 같으니 우선 그 입만 더러울 뿐이다."

하였다. 김충암(金沖菴 : 名은 淨, 1486~1520)은

"행동이 법도에 맞고 주선(周旋)하는 일이 규모에 맞으며 가깝게는 집에 출입하는 일, 남과 수작하는 일, 진퇴하는 일, 기타 일상 생활 등 모든 절차가 법도에 맞게 하며 무엇보다도 거칠고 편벽한 습성은 멀리하고 마음속

에 화기로운 덕성을 길렀다면 아마 낭패한 지경으로 빠
질 여지는 없으리라 하겠다."

하였다.

이와 같이 옛날 현인(賢人) 군자들은 여러 가지로 근신
하여 몸을 닦고 마음을 수양하였으며 한시도 해이하여
방종하지 않도록 자신을 추스렸다. 욕망에 빠지지 않도
록 항상 조심하였으며 사사로운 정에 이끌려 공적인 일
에 개입시켜 대사(大事)를 그르치지 않았고 배움에 게으
르지 않았다.

배우고 가르치는 것에 있어서는 먼저 인간이 되는 법을
가르치고 인격 수양에 먼저 배움의 뜻을 두었다.

학봉(鶴峯) 김성일(金誠一 : 1538~1593)은 제자들에게
말하기를

"사람은 뜻 세우기(立志)가 성실하지 못함을 근심할 것
이지 재주 없음을 근심할 일은 못된다. 재주가 없어도
군자 되고 학자 되는 일에는 무방하나, 재질(才質)은 있
으면서 소인이 되어 버리는 일은 그 배우는 바가 자기만
을 위하고 남은 위하지 않은 까닭이기 때문이다."

하였다.

자신의 재주 있고 머리 좋은 것을 자랑으로 여겨 잘난
체만 하고 노력하지 않는다면 발전이 없고 나중에는 남
에게 뒤지기 마련이다. 토끼와 거북이의 우화에서도 볼
수 있듯이 자신의 잘난 것만 믿고 게으르게 제자리에만
머물러 있게 되면, 재주는 없지만 열심히 노력하는 사람
에게 추격당하게 된다.

재주가 있을수록 겸손하고 머리가 좋을수록 노력하여
더 많은 일을 하여 사회에 도움을 주고 다른 사람을 위할
줄 알아야 한다. 또한 재주가 없다고 생각하는 사람이라

도 잘 찾아보면 나름대로 장점을 가지고 있으니 그 장점을 개발하여 정진한다면 이루지 못할 일이 없다. 다만 자신이 노력하지 않기 때문에 이루어짐이 없는 것이다.

정한강(鄭寒岡)이 제자들에게 한 말중에

"과거사(過去事)에 마음 쓰지 말고 또 재질이 부족하다 한탄하지 말고 마음을 가다듬고 노력하여 지금의 공부를 백배나 더한다면 낡은 습성은 씻겨 나가고 인간의 기질마저 변화되어 지금 사람이라도 고인에게 뒤질 리 없을 것이다. 나의 이상(理想)을 성인(聖人)에다 두었다면 그것에까지는 미치지 못한다 해도 최하로 '좋은 사람' '착한 사람'은 되는 것이다. 그러니 내 노력 여하에 달려 있는 일이다."

라는 말이 있으니 모든 것은 내가 노력하기 나름이다.

군자의 본을 이어받아 성실하게 배우고 몸과 마음을 닦고 효도하며 우애를 나누고 사회에 이바지하는 등 노력하여야 하는 것이다. 모든 것은 한 사람의 노력만으로 사회 전체가 잘 되는 것은 아니니 개인 각자가 좋은 사회를 만들기 위해 노력해야 하는 것이다.

또 속담에

'다른 사람 눈의 티끌은 보여도 내 눈의 대들보는 보지 못한다.'는 말이 있듯이 다른 사람의 잘못은 작은 것이라도 용서하기 힘들고 다른 사람과 모여 그의 험담을 하기 쉽다. 그러나 나의 잘못에 대해서는 언제나 관대하게 되어 큰 잘못도 용서하고 감추게 된다.

이렇게 되면 발전이 없게 되고 부정부패가 발생하게 된다. 관리로서 부정부패하면 사회에 커다란 죄를 짓는 것이요, 발각되어 벌을 받으면 수치스럽고 불효가 되는 것이다. 개인적으로 부정부패하면 이웃에 피해를 주고 형제를 사랑하지 않게 되어 부모의 마음을 슬프게 하여 불효가 된다.

그러므로 언제나 남의 허물에 대해서는 관대하게 보아주고 자신의 허물에 대해서는 엄격해야 한다는 성현의 말씀이 있는 것이다.

덕을 갖춘 군자는 언제나 자신에게 엄격하여 효도와 우애, 충성과 믿음 등에서 모든 사람의 본보기가 되는 것이다.

군자의 삼가하고 노력하는 행실이 이웃으로 옮겨져 모든 사람들을 감동시키고 행동으로 옮겨지도록 한다면 사회에 효도와 우애 충성 믿음 등이 충만하여 사회가 밝고 건강하게 되므로 이런 군자는 민중의 부모가 되는 것이며 몸소 행동으로 교육하는 것이다.

그러니 군자의 가르침은 집에 가만히 있어도 이루어지는 것이요, 일일이 사람들을 찾아다니며 가르쳐 이루어지는 것이 아니다. 군자의 평소 생활을 보고 이웃 사람들이, 세상 사람들이 본받는 것이다.

『대학(大學)』에

"한 나라를 다스리려면 먼저 가정의 평화가 이루어져야 한다. 자신의 가정을 교육시키지 않고 타인의 가정을 교육시킬 수 있는 사람은 없는 것이다. 자기 가정을 교육시키고 화평하게 다스린 후에야 남을 교육시키고 그 교화의 힘으로 다스림을 세상에 펼 수 있는 것이다. 그러므로 군자는 그 집을 화평하게 다스려 집 밖으로 나가지 않아도 군자의 가르침은 나라 안에 퍼져나가 백성들을 교화(敎化)시킨다."

고 하였다.

수신제가후에 치국평천하라 한 말과 통하는 말이다. 모

든 것은 자신의 수양에 달려 있는 것이다.

　　子曰　君子之敎以孝也는　非家至而日見之也라　敎以孝는
所以敬天下之爲人父者也하고　敎以悌는　所以敬天下之爲人
兄者也하고　敎以臣은　所以敬天下之爲人君者也라　詩[1]云　愷
悌[2]君子는　民之父母라하니라　非至德이면　其孰能順民을　如此
其大者乎아하니라

　1) 詩(시) : 『시경』 대아(大雅)의 형작(泂酌)의 편.

　2) 愷悌(개제) : 즐겁고 평이한 것. 온화한 모습.

　자 가로되 "군자(君子)가 효로써 가르치는 것은 집에 이르러 날
마다 보고 하는 것이 아니니라. 효로써 가르치는 것은 천하의 사
람의 아비된 자를 공경하게 하는 것이요, 제로써 가르치는 것은
천하의 사람의 형된 자를 공경하게 하는 것이며, 신하의 도리를
가르치는 것은 천하의 사람의 임금된 자를 공경하게 하는 것이니
라. 시에 이르기를 '개제한 군자는 백성의 부모라' 하니라. 지극
한 덕이 아니면 그 누가 능히 백성이 순종하는 것을 이같이 위대
하게 할 것인가."

제 14 장 이름을 세상에 날리다
(廣揚名章 第十四)

"근본을 다스림에는
효도보다 귀한 것은 없다.
군주가 효도하면 명성이 빛나고
영화로워지며 신하들이 복종하고
천하가 칭송하고 기린다."
『여씨춘추 8람』 효행람에서

제 14 장 이름을 세상에 날리다

1. 후세에 이름을 남기는 것

공자께서 말씀하셨다.

"군자(君子)는 어버이를 효도로써 섬기기 때문에 가히 충성을 임금에게 옮기어 행하는 것이다.

또 형을 우애로써 섬기는 것으로 순종하는 것을 어른에게 옮기어 행하는 것이다.

집에 거(居)할 때에는 다스려지는 것으로 그 다스림을 관청에 옮기어 행하는 것이다.

그러므로 그 행동이 집안에서 이루어지고 이름은 후세(後世)에 전하여지는 것이다."

▨ 퇴계(退溪) 선생은

"효도란 백 가지 행실의 근원이 되는 것이므로 한 행실에라도 빠짐이 있으면 그 효(孝)는 순수한 효라 할 수 없다."

고 하였다. 이는 공자가 말한 효는 모든 행실의 근본이라는 말의 의미를 되새긴 것이라 하겠다.

맹자(孟子)도

"두 세 살 된 어린아이도 자기의 어버이를 사랑할 줄

모르는 자 없고, 장성하여서는 자기의 형(兄)을 공경할 줄 모르는 자가 없다."

고 하였다.

효도는 자연스러운 발로로 군자는 지극한 효도로써 어버이를 섬기기에 그 효도를 임금에게 옮겨 온전히 충성을 다할 수 있는 것이다. 또한 그 효도를 형제에게 옮겨 변화시키면 돈독한 우애로써 서로 아끼고 사랑하며 따르게 되는 것이다. 그럼으로써 형을 따르는 마음이 이웃의 어른에게 옮겨져 어른을 공경하고 순종하게 된다.

이렇게 효도로써 그 집안을 잘 다스리게 되면 관직에 나아가서는 그 효도를 옮겨 또한 잘 다스려 훌륭한 벼슬아치가 되어 백성의 우러름을 받게 되는 것이다. 백성들의 우러름을 받는 사람은 입에서 입으로 그 훌륭함이 전해지고 전해져 끊임없이 후세에까지 그 이름이 알려져 추앙받게 되는 것이다.

이렇게 끊이지 않고 후세에까지 이름이 전해질 수 있는 것은 다름아닌 집안에서 효도를 다할 때 이루어지는 것이다. 어떠한 일을 하던간에 효도하는 마음과 정성을 옮겨 행하게 되면 훌륭하게 이루지 못할 것이 없는 것이다.

효도하는 마음으로 사회에 봉사하면 사회 발전에 일익을 담당하여 사회에서 성공하게 되는 것이다. 어느 사회, 어느 단체, 어느 회사라도 모든 곳에서 나의 노력과 능력과 정성을 다한다면 환영받지 못할 곳이 없는 것이다. 자신의 바른 판단으로 사회에 유익한 일을 맡아 힘들더라도 열심히 노력하고 정성을 다할 때 그 이름이 빛나게 된다. 이는 남성, 여성을 떠나 모두에게 적용될 수 있다.

현대는 여성들의 적극적인 활동이 요구되고 여성들 또

한 사회생활에서 성공하여 성공한 남성들과 어깨를 나란히 하기를 바라고 있다. 여성의 요구와 사회의 요구가 부합되어 그만큼 여성이 사회활동을 할 수 있는 폭도 넓어지고 성공의 기회도 많아지게 되었다.

남성만이 효도하고 성공하는 것이 아니고 여성들도 또한 효도하고 그 효도하는 정성으로 가정을 지키고 자식을 교육시키고 친척간 동기간의 화목을 이루고 사회에서 성공한 사람으로 후세에 길이 이름을 남길 수 있는 것이다.

인간은 누구나 성공하려는 욕망을 가지고 있다. 누구나 자기에게 이익되는 것을 가지려 하고 성공하여 명성을 떨치고 싶어 한다. 자기의 이익과 명성을 위해 싸우기도 하고 굴복하기도 하는 상황에서 전쟁도 일어나고 하는 것이다. 욕망이 없으면 이 세상에는 아무런 일이 일어나지 않을 것이다.

이익과 명성을 위해 전력투구하는 모습은 현대나 고대나 같을 것이다. 그러나 그것을 얻을 수 있는 기회는 고대보다 현대가 더 많지 않을까. 그 기회는 누구에게나 있는데 그 기회를 잡는 사람이 있고 잡지 못하는 사람이 있다. 아무리 기회가 왔다 하더라도 그 기회를 잡을 만한 여건이 되지 않았다면 아쉽지만 그 기회를 놓칠 수밖에 없다.

그러므로 그 기회가 왔을 때 잡을 수 있는 여건을 만드는 것이 무엇보다 중요한 것이다. 그 여건을 만드는 것은 학문적 정진과 육체적 정신적인 건강, 물질적인 풍요 등 여러 가지 있지만 그 모든 것의 근본은 효도에 있는 것이다.

효도를 하기 위해서는 진정에서 우러나오는 마음과 건강, 단란한 가정, 사회에 대해 부도덕 (不道德) 하지 않은 것 등이 있다. 이 사회는 남성만이 사는 사회가 아니고 여성만이 사는 사회도 아니니 서로 합심하여 화목한 가정, 건강한 몸과 마음, 진실된 정성을 이룬다면 효도의 극치라 이를 수 있지 않을까.

『근사록(近思錄)』에서 염계(濂溪 : 周敦頤) 선생이 말하기를

"천하를 다스림에는 근본이 있으니 자기 자신을 말하는 것이다. 천하를 다스림에는 법칙이 있으니 자기 집안을 다스리는 것을 이른다. 근본에는 반드시 실마리가 있으니 실마리의 근본은 마음을 성실하게 갖는 것이다.

법칙은 반드시 좋아야 하는데, 좋은 법칙은 친족과 화목해야 할 따름이다. 집을 다스리는 어려움을 알면 천하는 쉽게 다스릴 수 있다. 집안의 화목은 곧 천하를 다스리는 것이다.

집안 사람들끼리 사이가 벌어지는 것은 반드시 여자들 때문에 일어나는 것이다. 그러므로 '역(易)'에는 규괘(睽卦)는 가인괘(家人卦) 다음에 있으니 두 여자가 함께 살면서 그 뜻을 함께 행하지 못하기 때문이다.

요(堯)임금이 두 딸을 규수 냇가의 순(舜)에게 시집보낸 까닭도 순에게 천하를 물려줄 수 있을지 시험해 보려는 뜻이었다. 이것은 천하를 다스리는 것을 집안을 이끌어 나가는 데에서 보고, 집안을 다스리는 것을 자기 몸을 잘 닦는 데에서 보는 까닭이다.

몸이 단정하다는 것은 마음이 성실하다는 것을 말함이다. 마음이 성실하다는 것은 선(善)하지 않은 움직임에서 되돌아오는 것일 따름이다.

선하지 않은 행동은 망령된 것이다. 망령된 것에서 되돌아오면 망령됨이 없는 것이다. 망령됨이 없으면 곧 성

실한 것이다.

그러므로 '역(易)'의 무망괘(无妄卦)는 복괘(復卦) 다음에 있으면서 옛 임금들은 훌륭하게 때에 대응하고 만물을 생육하게 하였다 하였으니 뜻이 깊도다."

하였다.

이 세상은 남자와 여자가 공존하여야만 존재할 수 있고 후손이 끊이지 않게 되어 이어지는 것이다. 나라가 있으려면 가정이 있어야 하고 사회가 존재하려면 각각의 가정이 필요한 것이다. 가정이 화목하기 위해서는 여성의 역할이 매우 중요하다. 그 집안의 안 주인이 어떻게 행동하느냐에 따라 그 가정의 화목과 존속(存續)이 좌우되기 때문이다. 물론 남편도 함께 협조해야 하지만 말이다.

세계는 남자가 움직이고 남자는 여자가 움직인다는 말도 있지 않는가. 그만큼 여성의 책임이 무겁다는 말이다. 집안은 남자가 다스린다고 하지만 여자의 도움 없이는 제대로 다스릴 수 없는 것이니 함께 서로 힘을 합하여 서로를 공경하고 서로를 따르며 화목하고 효성스러운 부부(夫婦)가 되어야 한다.

효성스러운 부부가 만드는 가정은 언제나 화목할 것이고 그 효성이 자녀에게 옮겨지고 형제자매에게 옮겨지고 친척에게 옮겨지고 이웃에게 옮겨지고 사회, 국가에 옮겨져 인간의 도리를 다할 수 있게 될 것이다.

가정이란 나라라는 건축물을, 세계라는 건축물을 구성하고 있는 하나하나의 벽돌이라 할 수 있다. 벽돌 하나하나가 모여 건축물이 이루어지는 것이니 그중에서 벽돌이 하나씩 둘씩 깨지고 빠진다면 그 건축물이 오래 견디겠는가. 가정이라는 벽돌 하나하나가 성하고 깨진 것 없이 견고하게 지탱해 줄 때 나라나 세계라는 건축물은 영원히 무너지지 않고 존속하게 되는 것이다.

 그 가정을 견고하게 지켜줄 수 있는 것이 바로 효(孝)인 것이다. 가족 구성원 개개인이 모두 효성이 지극하다면 가정의 화목을 누가 걱정할 것이며 사회의 부조리를 누가 걱정할 것이며 세계의 평화를 누가 걱정하겠는가. 이 모든 것은 효에서 발단이 되어 자연히 이루어지는 것이다.

 子曰 君子之事親孝라 故忠可移於君이요 事兄悌라 故順可移於長[1]이라 居家理[2]라 故治可移於官이라 是以 行成於內하고 而名立於後世矣니라

 1) 長(장) : 존장(尊長). 어른.

 2) 理(이) : 다스리다. 화합하다의 뜻.

 공자 가로되 "군자는 어버이를 효로써 섬기는지라 그러므로 충을 가히 임금에게 옮길 수 있으며 형을 우애로 섬기는지라 그러므로 순(順)을 가히 어른에 옮길 수 있는 것이니라. 집에 거하여 다스리는 것이라 그러므로 다스림을 가히 관(官)에 옮길 수 있는 것이다. 이로써 행실이 안에서 이루어지면 이름이 후세에 세워지는 것이니라."

제 15 장 지도자에게 간(諫)하는 것
(諫諍章 第十五)

"어버이를 섬김에 있어
사랑과 공경을 다하고 나서
그 찬란한 광채를 백성에게 베풀고
천하에 고루 미치게 하는 것이
바로 천자(天子)의 효행이다."
『여씨춘추 8람』 효행람에서

제 15 장 지도자에게 간(諫)하는 것

1. 의롭지 않으면 다투어 간한다

증자가 말하였다.

"사랑을 받고 친애하는 것과 밖으로 공손하고 안으로 공경하여 어버이를 편안하게 해드리고 이름을 날리는 것들에 관한 가르침을 들었습니다. 감히 묻겠습니다. 자식으로서 아버지의 명령을 따르는 것을 효도라 할 수 있겠습니까?"

공자께서 말씀하셨다.

"이 무슨 말인가? 이 무슨 말인가? 옛날의 천자(天子)는 다투어 간(諫)하는 신하 일곱 사람을 두면 비록 천자가 무도(無道)하더라도 그 나라를 잃지 않는다고 하였다.

제후(諸侯)는 다투어 간하는 신하 다섯 사람만 두면 그 제후가 도(道)가 없다 할지라도 그 나라를 잃지 않는다고 하였다.

또 대부(大夫)는 다투어 간하는 신하 세 사람만 두면 비록 자신이 도가 없다 할지라도 그 집안이 망(亡)하지 않는다고 하였다.

그리고 선비에게는 다투어 간하는 벗이 있으면 그 선비

의 몸에 아름다운 이름이 떠나지 않을 것이다.

아버지는 다투어 간하는 자식을 두면 아버지의 몸이 의롭지 않은 곳에 빠지지 않을 것이다.

그러므로 아버지가 의롭지 않은 일을 당하게 되면 자식으로서 다투어 간하지 않으면 안 되고 신하된 자는 임금에게 다투어 간하지 않으면 안 되는 것이다.

이로써 의롭지 않은 일을 당하게 되면 다투어 간해야 하는 것이므로 아버지의 명령만을 따르는 것을 어찌 가히 효도라고 말할 수 있겠는가?"

▨ 아버지의 명령이 의롭지 않고 도리에 어긋나는 것이라면 효도를 한답시고 그대로 그 명령을 행하는 것이 오히려 불효라는 것이다. 아버지의 불합리한 명령을 그대로 시행하여 다른 사람으로부터 아버지에게 욕이 돌아오게 하기 때문이다.

그러므로 아버지에게 허물이 있을 때는 적극적으로 허물을 고치도록 간(諫)해야 하는데 그렇다고 얼굴을 붉히며 목소리를 높여서 무안을 주며 간해서는 안 된다.

아버지에게 허물을 고치도록 간하려면 얼굴을 온화하게 하고 목소리는 낮으면서 부드럽게 하여 아버지의 기분을 상하지 않게 하면서 간해야 한다고 공자(孔子)는 말하였다.

자식의 끊임없는 효도로써 아버지의 허물을 간하여 고치시도록 하여 불의에 빠지지 않게 도와드려야 하는 것이다.

또한 상관(上官)의 명령이 의(義)에 합당하지 않거나 그 행동이 도리에 맞지 않으면 간언(諫言)해야 한다. 그런데 아버지에게 간하는 것보다 더 조심스럽고 어려운 일이다. 아버지는 혈육의 정이 있기에 서로 믿음이 있고 정이 있는 것인데 상관은 남이기에 믿음이 없고 잘못하면 불신과 미움이 생길 수 있기 때문이다. 아무리 충심으로 간해도 무도(無道)하여 다른 사람의 말을 귀담아 듣지 않는 상관이라면 받아들이지 않을 뿐 아니라 오히려 그 지위를 박탈하거나 괴로움을 줄 수 있다. 그렇다고 그것이 무서워 간언하지 않는다면 그 의무를 다하지 못하는 것이며 제대로 효도하는 마음을 옮기지 못하는 것이다.

지도자의 허물을 고치도록 간하는 사람이 없으면 그 지도자는 자신에게 허물이 있음을 알지 못하고 완전한 인간이라는 자만에 빠져 교만해지고 자신의 모든 행동이 의에 합당하고 허물이 없는 줄 알고 그대로 행하게 된다. 그런 행동이 쌓이고 쌓이다 보면 백성의 괴로움은 가중되고 끝내는 대중들의 분노가 터져 민중봉기가 일어날 수 있고 그 지도자는 망하고 크게는 나라가 위태로워질 수 있다.

큰 지도자는 그 지도자를 보좌하는 사람이 제대로 임무를 실행할 때 이루어질 수 있다. 아무리 그 지도자가 위대해도 인간인 이상 실수할 수 있다. 대중의 우러름을 받는 지도자의 실수는 아주 빠르게 대중들의 의식에 자리잡히게 되므로 더욱더 조심하여야 하는데 그 잘못을 고치려 하지 않고 자꾸 더 큰 잘못을 저지른다면 그 위상은 떨어질 수밖에 없다.

자신의 잘못을 자신이 알아 고친다는 것은 극히 어려운 일이다. 그러므로 보좌하는 사람이 잘 간언하여 잘못을 고치고 다시는 그러한 잘못을 저지르지 않도록 도와주어야만 계속 추앙받는 지도자가 될 수 있는 것이다.

옛 선조들은 자신의 목숨을 아끼지 않고 임금의 허물을 고치도록 충성으로 간하였다.

중국 주(周)나라의 무왕(武王)에게 멸망당한 은(殷)나라의 포악한 마지막 왕인 주왕(紂王)에게도 바른 정치를 하도록 간하던 미자(微子)와 기자(箕子), 왕자 비간(王子比干)이 있다.

공자는 "은(殷)나라에 어진 이 세 사람이 있었다."고 하였는데 이들을 두고 한 말이다. 미자는 주왕에게 간하다가 듣지 않자 주왕의 포악한 정치를 고칠 수 없음을 한탄하며 주왕의 곁을 떠났다. 기자는 간하다가 주왕이 듣지 않자 미친 척하여 노예들 무리속으로 들어갔다. 왕자 비간은 간하다가 주왕의 노여움을 사 죽임을 당하여 간(肝)이 꺼내졌다.

또 백제 의자왕(義慈王) 때의 성충(成忠 : ?~656)은 음탕한 놀이에만 빠져 있고 술 마시고 즐기는 일을 쉬지 않는 왕에게 몇번을 간언하였다. 그런데 의자왕은 오히려 화를 내며 성충을 옥에 가두었다. 성충은 먹지를 않아 죽음에 이르게 되었는데 그때 임금에게 글을 올렸다.

"충신은 죽어서도 임금을 잊지 않는 법입니다. 신이 시국을 살펴본즉 반드시 전쟁의 기미가 있습니다. 그때 꼭 요로(要路)에 자리잡고 지키고 있으면 방비는 좋을 줄 압니다."

글을 올리고 성충은 죽었으나 여전히 왕은 반성하는 기미가 없었다. 얼마 안 되어 과연 전쟁이 일어났으니 나당(羅唐)연합군이 백제를 침입하였던 것이다. 의자왕은 나당연합군을 맞아 싸우면서 성충이 요청한 방법대로 싸우지 않아 패하고 패하여 드디어 성이 함락될 지경에 이르게 되었다. 그때서야 왕은

"성충의 말을 받아들이지 않아 이 꼴이 되었구나."

하고 통곡을 했다 한다.

또 김후직(金后稷)은 신라 진평왕(眞平王) 때의 사람이다. 임금은 사냥다니기를 매우 좋아하여 정사를 살피지 않고 사냥만을 다녀 후직이 간절히 간했으나 듣지 않았다. 여러 번 후직의 간절한 간언이 받아들여지지 않았다.

후에 후직이 임종하면서 아들에게

"나는 신하된 도리로서 그 잘못을 바로잡지 못했다. 내가 죽거든 꼭 임금이 사냥다니는 길가에다 묻어다오."

라고 했다. 그의 뜻대로 아들은 무덤을 길가에다 만들었다. 뒷날 임금이 또 사냥나가면서 그 무덤가를 지나게 되었는데 무덤속에서 소리가 났다.

"상감께서는 가지 마십시오."

하는 소리가 세 번이나 울렸다. 임금은 옆에서 보좌하는 사람에게 물었다. 그는 바로 김후직의 무덤이라 하면서 그가 죽을 때 했다는 이야기까지 자세하게 들려주었다. 그러자 임금은 눈물을 흘리면서

"그대 살아 있을 때 나에게 충간(忠諫)을 다하더니 죽어서도 잊지 않고 나를 위한 정 이와 같구나. 내 끝내 고치지 않는다면 무슨 면목으로 지하에 가서 그대를 대하리."

라고 하면서 완연히 후회하는 빛을 보였고 다시는 사냥다니지 않았다 한다.

또 정암(靜菴) 조광조(趙光祖: 1482~1519)는 어긋난 일을 지적하고 잘못을 바로잡는 직책에 있었다. 임금에게 간할 때는 옳다고 생각하는 것을 간하여 임금의 대답이 내리지 않으면 기어이 대답을 받고야마는 성품이었다. 또 악을 미워하고 선을 드러내는 일에는 추호도 용

서가 없이 밝히는 기질이었다. 한 친구가 그에게 충고하기를

"자네 조심하게. 비록 자네의 충간심 (忠諫心) 이야 용봉 (龍逢), 비간 (比干) 에게 비할만큼 용감하고 바르지만 그러다가 혹 신상에 무슨 화가 없을런지 걱정이네."

하며 그를 근심하니

"나는 바른길로 임금을 섬기다가 산다면 살고 불행히 죽는다면 죽었지 화 (禍) 나 복 (福) 을 내 어찌 두려워할 것인가?"

하였다.

또 선조 (先祖) 가 이퇴계 (李退溪) 대하기를 각별한 예의로써 했으나 퇴계는 조정에서 벼슬하기 매우 드물었고 또 와서 하다가는 곧 집으로 물러갔다. 어떤 사람이 그에게 묻기를

"상감께서 그대에게 대우하는 일은 소열제 (昭烈帝:유비) 가 무후 (武侯:제갈공명) 를 대우함과 다름이 없는데도 조정에서 오래 머물고 있지 않음은 무슨 까닭인가?"

하니, 대답하기를

"옛날 요순 (堯舜) 시대에 임금과 신하가 사이좋게 어울렸음은 천고에 보기 드문 일이었다. 그때는 임금과 신하 사이에 옳으면 옳다 그르면 그르다고 해서 사리를 명백히 지워나갔는데 상감께서는 이 늙은 신하의 말이라면 옳고 그르고 간에 모두 따르니 이로써 나는 더 머물 수 없게 됐다."

하였다.

이렇듯 자신의 목숨, 부귀영화를 살피지 않고 임금의 허물을 간하였던 것이다. 그럼으로써 그런 충간을 받아들인 임금은 나라를 잘 지키고 다스렸으며 충간을 받아들이

지 않은 임금은 뒤늦게 후회하고 통곡하였던 것이다.

아랫자리에 있는 사람으로서 윗사람이 의롭지 않은 곳에 빠지도록 보고만 있는 것은 도리가 아니기에 신하라면 임금의 의로움을 위해 다투어 간해야 한다. 부하는 상관을 위해 다투어 간해야 하고 자식은 부모를 위해 간절히 간해야 한다. 벗사이에도 서로 충고함으로써 발전을 꾀해야 한다.

의롭지 않은 곳에 빠지지 않도록 간해야지 윗사람, 아버지의 명령이라고 무조건 따른다는 것은 효도라 할 수 없는 것이다.

曾子曰 若夫[1]慈愛恭敬[2]하여 安親揚名[3]은 則聞命矣라 敢問하나니 子從父之令 可謂孝乎이까 子曰 是何言與아 是何言與아 昔者에 天子有爭臣[4]七人이면 雖無道나 不失其天下요 諸侯有爭臣五人이면 雖無道나 不失其國이요 大夫有爭臣三人이면 雖無道나 不失其家요 士有爭友[5]면 則身不離於令名이요 父有爭子[6]면 則身不陷於不義라 故로 當不義면 則子不可以不爭於父요 臣不可以不爭於君이라 故로 當不義면 則爭之라 從父之令이 又焉得爲孝乎리오

1) 若夫(약부) : 만약. 대략. 이같은 뜻과 같다.

2) 慈愛恭敬(자애공경) : 자(慈)는 부모가 자식을 사랑하는 것. 애(愛)는 자식이 부모를 친애(親愛)하는 것. 공(恭)은 외형으로 공손하는 것. 곧 얼굴빛으로 하는 것. 경(敬)은 마음속으로 우러나와 공경하는 것.

3) 揚名(양명) : 이름을 떨치는 것.

4) 爭臣(쟁신) : 쟁은 쟁(諍)의 뜻. 쟁신은 다투어 간하는 것. 군주의 무도한 것을 올바른 도리로써 간하는 신하.

5) 爭友(쟁우) : 자신의 잘못을 충고하여 주는 벗.

6) 爭子(쟁자) : 아버지의 불의를 보고 울며 간하는 자식.

증자 가로되 "만약 자(慈)하며 애(愛)하며 공(恭)하며 경(敬)하여 어버이를 편안하게 하고, 이름을 떨치는 것에 관한 명령을 들었습니다. 감히 묻나니 자식이 아비의 명령을 따르는 것을 가히 효도라 이를 수 있나이까?" 공자 가로되 "이 어찌된 말이냐. 이 어찌된 말이냐. 옛날에 천자(天子)가 쟁신(爭臣) 7인을 두면 비록 도가 없으나 천하를 잃지 않을 것이요, 제후가 쟁신 5인을 두면 비록 도가 없으나 그 나라를 잃지 않을 것이요, 대부가 쟁신 3인을 두면 비록 도가 없으나 그 집을 잃지 않을 것이요, 사(士) 쟁우(爭友)를 두면 몸에는 영명(令名)이 떠나지 않을 것이요, 아비가 쟁자(爭子)를 두면 몸이 불의에 빠지지 않을 것이라. 그러므로 아들은 아비를 쟁하지 않을 수 없고 신하는 임금을 쟁하지 않을 수 없는지라 불의를 당하면 곧 다투어 간하는지라 아비의 명령을 따르는 것이 또 어찌 효도를 득(得)했다고 하랴."

제 16 장 지성(至誠)이면 감천(感天)
(感應章 第十六)

"사람의 신체는 부모가 남기신 것이다.
부모가 남긴 것을 행동함에 있어
감히 공경하고 삼가하지 않을 수 있겠는가
거처가 장중하지 않으면
그것은 효도가 아니다."
『여씨춘추 8람』 효행람 '증자'

제 16 장 지성(至誠)이면 감천(感天)

I. 효도는 통하지 않는 곳이 없다

공자께서 말씀하셨다.

"옛날 명철한 임금이 아버지를 섬기는데 있어서 효도로 하였기 때문에 하늘을 섬기는데 밝게 하였다.

또 어머니를 섬기는데 있어서도 효도로 하였기 때문에 땅을 섬기는데 있어서도 잘 살펴 하였다. 이에 어른과 어린이가 잘 순종하였으므로 위와 아래가 잘 다스려졌다.

하늘과 땅이 잘 밝혀지고 잘 살피므로 인하여 지극한 정성이 극도에 달하면 신령(神靈)이 복록을 내려 주심으로 찬연히 빛날 것이다.

비록 천자(天子)라도 자신보다 더 귀한 분이 있게 마련이다. 그것은 천자도 아버지가 계시기 때문이다. 또 천자보다 먼저인 자가 있게 마련인데 그것은 형이 있는 것을 이름이다.

종묘(宗廟 : 사당)에서 공경을 다하는 것은 돌아가신 어버이를 잊지 않는 것이요, 자신의 몸을 닦고 행동을 삼가하는 것은 선조(先祖)에게 욕이 미칠까 두려워하는 것이다.

또 종묘에서 지극한 공경을 이루면 돌아가신 할아버지

나 아버지의 신령이 나타나는 것이다.

　효도와 우애의 지극한 것은 모든 신령에게 감통(感通)하여 온 천하에 빛을 발하게 되어 통하지 않는 것이 없는 것이다.

　『시경』에 말하기를

　‘서쪽에서 동쪽까지 남쪽에서 북쪽까지

　복종하지 않는 자가 없다’

　고 하였다.

　▨공자께서 말하기를, 옛날에 명철한 임금은 아버지를 섬김에 있어서 효도로써 하고 그 효도하는 정성으로 하늘을 섬겨 한 점 부끄러움 없이 밝게 하였고, 어머니를 섬김에 있어 효로써 하여 그와 같은 효도하는 정성으로 땅을 살펴 맑고 깨끗하게 하였다고 하였다.

　여기서 하늘과 땅은 대자연의 본원이며 모든 만물의 근원이다.

　또 이 삼라만상(森羅萬象)의 우주와 세상을 존재하게 한 그 원인적 존재이기도 한 것으로 하늘과 땅은 부모의 근본이요, 만물(萬物)의 근원이라고 한 것이며 받들어 모셔야 한다는 것이다.

　그리고 하늘과 땅은 만물을 생육하고 번성하게 하여 충만하게 하는 성질을 지닌다. 그래서 하늘은 아버지로, 땅을 어머니로 비유하여 말해지고 있다.

　하늘과 땅을 섬기는데 있어 지극히 효도하는 정성으로 하였기에 음(陰)과 양(陽)의 조화가 제대로 이루어져 절후가 때에 맞으니 곡식이 잘 여물고 모든 것이 풍성해졌다.

　이렇듯 효로써 하늘과 땅을 섬기듯이 효를 옮겨 형제자

매를 사랑하고, 이웃에게 효도하는 정성을 옮겨 어른과 어린이의 차례가 정해지고 어른을 공경하고 따르는 것이 자연스럽게 이루어졌다.

지극한 효성은 귀신도 감동시킨다고 하였으니 하물며 사람을 감동시키는데 있어 어떤 장애물이 있겠는가.

효성이 지극했다는 중국 주(周)나라의 주공(周公)은 그 효도를 옮겨 형인 무왕(武王)을 잘 보필하였고 충성을 다하였다. 주공의 지극한 정성에 신령들이 감동한 이야기가 『서경(書經)』에 있다.

때는 바야흐로 무왕이 은(殷)나라를 멸망시키고 천하통일을 한 지 2년 뒤의 일이다. 무왕이 병이 들어 위독하였다. 이에 태공망여상(太公望呂尙)과 주공의 동생 소공(召公)이 말하기를

"우리가 왕을 위해 삼가 점을 쳐보겠습니다."

하였다. 옛날 중국에서는 나라에 중요한 일이 있을 때 거북점이나 시초점(蓍草占) 등으로 점을 쳐보아 길흉을 판단하여 점괘(占卦)에 따라 행동하였던 것이다.

두 사람이 점을 쳐보겠다고 하니 주공이 대답하기를

"우리 선왕(先王)들의 마음을 움직이게 할 수는 없을 것입니다."

하고는 깨끗하게 치운 같은 땅에 단(壇)을 세 개 만들고, 따로 남쪽에 단을 만들어 북쪽을 향해 서서 벽(璧)을 놓고 홀(笏)을 들고 태왕(太王)과 왕계(王季)와 문왕(文王)에게 아뢰었다.

사관(史官)들이 이를 기록하였으니

"당신들의 원손(元孫)인 아무개가 악하고 사나운 질병에 걸렸습니다. 만약 세 임금께서 진실로 자손을 보호할 책임을 하늘에서 지고 있으시다면 이 단(旦 : 주공의 이

름)으로 하여금 아무개의 몸을 대신하게 하여 주옵소서. 저는 어질고 또 효성이 있으며 많은 재주와 기예에 능하며 신령들을 잘 섬길 수 있습니다. 그러나 당신들의 원손은 이 단과 같이 재주와 기예가 많지 않으며 신령들을 잘 섬기지 못합니다. 그러나 그는 하늘의 명을 받은 몸으로 천하를 두루 보호하여 이 세상에서 당신들의 자손을 안정시켰으며 천하의 백성들은 모두 그의 덕을 공경하고 그의 위엄을 두려워하지 않는 사람이 없습니다.

오호라, 하늘이 내린 귀한 목숨을 잃게 하지 마십시오. 그래야만 우리 선왕(先王)들께서도 영원히 의지할 곳이 있으실 것입니다. 이제 이 몸이 큰 거북에게 명(命)을 묻겠으니 당신들께서 저의 청원을 허락하신다면 이 벽(璧)과 규(珪)를 바치고 돌아가 당신들의 명을 기다리겠습니다."

하였다. 이에 세 거북에게 점을 치니 한결같이 거듭 길(吉)하다고 하였고, 죽간(竹簡)으로 된 점치는 책을 열어 점괘(占卦)의 글을 보니 또한 모두 길하다고 하였다.

이에 주공이 말하였다.

"점괘는 왕께서 해가 없을 것임을 나타내고 있습니다. 이 소인은 세 임금에게서 새로운 명을 받았습니다. 오직 영원하도록 잘 꾀하여 주실 것이니 이제 기다려 볼 것이나 선왕들께서 이 몸을 생각해 주실 것입니다."

하고는 주공은 돌아와 죽간으로 된 기도문을 쇠줄로 묶은 상자 안에 넣었는데, 왕은 다음날로 곧 병이 나았다.

후에 무왕이 붕어하고 성왕(成王)이 즉위하였는데 아직 나이가 어려 주공이 섭정하였다. 이에 관숙(管叔)과 여러 아우들이 나라에 뜬소문을 퍼뜨리기를

"주공은 장차 어린 왕에게 이롭지 않은 짓을 할 것이

다."

하였다. 주공은 이에 태공망 여상과 소공에게 말하기를

"내가 회피하지 않으면 나는 우리 선왕들에게 아뢸 말이 없게 될 것입니다."

하고는 동쪽으로 가 살았다.

관숙과 여러 아우들은 멸망한 은(殷)나라의 후손인 무경(武庚)과 함께 손잡고 권력을 잡으려 했으므로 주공이 동쪽으로 가 산 지 2년만에 죄인들이 잡혔다.

가을에 곡식이 크게 여물었으나 아직 거두어 들이지 않고 있을 때 하늘에서 크게 천둥번개와 바람이 불어 곡식이 모두 쓰러지고 큰 나무들이 뽑혀지니 온 나라 사람들이 크게 두려워하였다.

그래서 왕은 대부(大夫)들과 더불어 모두 예복(禮服)을 갖추고 쇠줄로 묶어 놓은 간책(簡冊) 상자를 열어 보았는데, 드디어 주공이 스스로의 임무라 생각하고 무왕을 대신하겠다고 한 글귀를 얻었다.

태공망(太公望)과 소공(召公), 그리고 성왕(成王)은 여러 일을 처리하는 관리들에게 그것에 대해 물으니 그들은 대답하기를

"정말입니다. 주공의 명령이시어서 우리는 감히 말하지 못하였습니다."

하였다.

왕은 책을 들고 눈물을 흘리며 말하기를

"그것은 삼가 점을 쳐 볼 필요도 없다. 옛날에 주공은 우리 왕실을 위해 애쓰고 수고하였으나 이 몸이 어려서 미처 알지 못하였다. 오늘 하늘이 위엄을 보인 것은 주공의 덕을 밝힌 것이다. 짐은 친히 마중을 나가겠으니 이는 우리 나라의 예절에도 합당한 것이다."

하고는 왕이 교외로 나가니 하늘은 비를 내리고 바람이 반대쪽으로 불어와 쓰러졌던 곡식들이 모두 일어섰다. 태공망과 소공은 사람들에게 명하여 무릇 넘어진 큰 나무들을 북돋우어 모두 일으켜 세우게 하였는데, 그 해에는 크게 풍년이 들었다.

신령 뿐 아니라 사람들도 감동하였던 것이다.

돌아가신 선조의 묘를 잘 보살피고 제사를 정성껏 모시며 선조께 욕이 돌아가지 않도록 자신의 행동을 조심하고 말을 가려서 하여야 한다.

언제나 효도로써 부모를 섬기고 효도하는 정성을 부모가 돌아가신 후에도 꾸준히 보인다면 신령이 기뻐하여 눈앞에 나타난 것처럼 느끼게 된다.

또 『제의(祭儀)』에

"안에서 치재(致齊 : 제사를 앞두고 3일 동안 재계하며 오로지 제사의 대상인 부모의 일만 생각하는 것)하고 밖에서 산재(散齊 : 술 마시지 않고, 고기 먹지 않고, 여색을 가까이 하지 않는 등 외부에서 오는 부정이나 마음을 산란하게 만드는 일을 경계하며 제사지내기 10일 전부터 7일 동안 몸과 마음을 정결하게 하는 것)한다. 재계하는 날에 그 거처하시던 곳을 생각하고, 그 웃음과 말씀을 생각하고, 그 뜻을 생각하고, 그 즐거워하시던 것을 생각하고, 그 즐기시던 것을 생각하면, 재계한 지 사흘만에 그 재계하던 대상인 어버이를 보게 된다.

제사지내는 날에 사당에 들어가면 어렴풋이 반드시 어버이의 모습이 그 신위에 나타나 보이며, 제례(祭禮)를 거행하는 동안에 잠깐 문밖으로 나오면 숙연히 반드시 그 움직이는 소리를 들을 수 있으며, 제례를 마치고 사당 밖으로 나오면 개연히 반드시 그 한숨소리를 듣는다.

이런 이유로 선왕(先王)의 효도는 어버이의 얼굴빛을 눈에서 잊지 않으며, 어버이의 소리를 귀에 끊어지지 않게 하고, 어버이의 마음과 뜻과 즐기시던 것과 하고자 하시던 것을 마음에 잊지 않았다.

부모를 사랑하기를 지극히 하면 그 신(神)이 계신 듯하고, 부모를 공경하는 정성이 지극하면 신(神)이 나타난다. 나타남과 계신 듯함을 마음에 잊지 않으니, 어찌 능히 공경하지 않겠는가.”

라고 하였다.

언제나 몸가짐을 삼가하고 예의를 지키며 말을 조심 하여 부모에게 욕됨이 돌아가지 않도록 하며 지극한 정성으로 부모를 섬기고 그 효성을 타인에게 옮길 때 사람의 도리를 다했다 하겠다.

子曰 昔者에 明王[1]事父孝하니 故事天[2]明이라 事母孝하니 故事地[3]察이라 長幼順하니 故上下[4]治라 天地明察하면 神明彰矣로다 故雖天子必有尊也니 言有父也요 必有先也니 言有兄也라 宗廟致敬은 不忘親也요 修身愼行은 恐辱先也라 宗廟致敬은 鬼神[5]著矣라 孝悌之至는 通於神明[6]하고 光于四海하여 無所不通이라 詩[7]云 自西自東하며 自南自北에 無思不服이라하니라

1) 明王(명왕) : 밝은 임금. 명철한 임금. 중국의 명군은 요·순·우·탕·문·무(堯舜禹湯文武)를 가리키며 효도로도 유명하다.

2) 事天(사천) : 하늘을 섬기는 것은 음양(陰陽)학상 아버지는 하늘과 같으므로 하늘과 짝함.

3) 事地(사지) : 땅은 음(陰)으로 어머니에 비유한 것.

4) 上下(상하) : 지배자와 피지배자.

5) 鬼神(귀신) : 선조(先祖)의 혼백(魂魄)을 지칭함.

6) 神明 (신명) : 음과 양의 정기. 곧 자연의 정기 (精氣).

7) 詩 (시) :『시경』 대아 (大雅) 문왕유성 (文王有聲) 편 일부.

자 (子) 가로되 "옛날에 밝은 왕은 아비 섬김을 효로 하니 고로 하늘 섬김이 밝으니라. 어미 섬김을 효로 하니 고로 땅 섬김을 살피니라. 장유 (長幼) 가 순 (順) 하니 고로 상하 (上下) 가 다스려지니라. 천지를 밝히 하고 잘 살피면 귀신이 빛을 주니라. 고로 비록 천자 반드시 높은 이 있으니 부 (父) 있음을 말함이요, 반드시 먼저 한 이 있으니 형이 있음을 말함이라. 종묘 (宗廟) 의 경 (敬) 을 치 (致) 함은 어버이를 잊지 않는 것이요, 몸을 닦고 행실을 삼가함은 선조에게 욕될까 두려워하는 것이니라. 종묘에 경을 치 (致) 하면 귀신 (鬼神) 이 나타나느니라. 효제 (孝悌) 의 지극함은 신명 (神明) 에 통하고 사해 (四海) 에 빛나 통하지 않는 곳이 없느니라. 시 (詩) 에 이르기를 '서로부터 동으로까지 남으로부터 북까지 복종하지 않는 이 없다' 고 하였느니라."

제 17장 지도자를 섬기는 법
(事君章 第十七)

"벼슬아치로서 자신의
직무(職務)를 수행할 수 없을 때는
그 직책에서 물러나야 한다.
바른 말을 하는 직책에 있는 사람은
자신의 진언(進言)이
받아들여지지 않으면
그 벼슬자리에서 떠나야 한다."

『맹자』

제 17 장 지도자를 섬기는 법

1. 그릇된 생각을 바로잡아 주는 것
공자께서 말씀하셨다.

"군자(君子)가 임금을 섬기는데 있어서 임금의 앞에 나아가서는 충성을 다할 것을 생각하며, 임금 곁에서 물러나 집에 돌아와서는 임금의 부족한 점을 고치고 선(善)으로 인도할 것을 생각하며 임금의 아름다운 뜻에는 따라 시행하며 임금의 과실이 있으면 바로잡고 행동을 그치도록 하는 것이다.

그러므로 임금과 신하가 서로 서로 친애(親愛)할 수 있는 것이다.

『시경』에 이르기를

'마음으로 사랑하니 멀리 있어도 멀다 이르지 않고
마음속에 품고 있으니 어느 날인들 잊을 수 있겠는가'
라고 하였느니라."

▨지극한 효도를 나라에 옮기면 국가에 충성스런 공복(公僕)으로서 한 몫 할 수 있는 것이다. 어버이에게 효도하는 사람은 형제간에 우애있게 지내며 이웃 어른을 공경하며 이웃과 사이좋게 지낸다. 나아가 사회발전에

공헌할 수 있으니, 옛날에 임금을 모시고 벼슬하던 조상들에게 있어서는 충성심으로 발현되었던 것이다.

나라의 주인으로 모든 백성들을 다스리던 임금을 보필하여 임금이 성군(聖君)이 되도록 도와주는 것이 충성스런 신하의 임무였다. 그러므로 모든 지식을 총동원하고 몸과 마음을 다하여 목숨도 아끼지 않고 충성을 다한 충신들이 많다.

모재(慕齋) 김안국(金安國 : 1478~1543)은

"평상시에는 속임없이 정성으로 직분을 다해야 하고, 나라가 위태로울 때는 죽음으로써 두 뜻이 없음을 보여주어야 한다."

고 했다.

충성을 바쳐 임금을 보필한 현신(賢臣)들은 임금 한 사람만을 위해 힘쓴 것이 아니고 백성들의 보호와 발전을 위해 힘쓴 것이다. 진정 충신으로 추앙받는 분들은 모두 자신의 안일과 부귀영화에는 눈도 돌리지 않고 자신은 비록 어렵게 지내도 나라의 발전과 국력의 강화 백성의 생활안정을 위해 노력하였던 것이다.

먼저 자신을 다스리는 성의(誠意)와 수신(修身)을 이루고 청렴결백한 생활과 예절바른 가정을 이루고 백성들을 걱정하며 임금의 잘못은 고치도록 하고 좋은 뜻은 받들어 행하였던 것이다.

홍담(洪曇 : 1509~1576)은

"상신(上臣 : 으뜸이 되는 신하)은 원만한 인격으로써 임금을 섬기고, 중신(中臣)은 자기 몸으로써 임금을 섬기고, 하신(下臣)은 재물로써 임금을 섬기는 법이다."

하였다.

옆에서 지도자를 보좌하는 사람이 얼마나 자기 수양을

잘 한 사람인가, 재물만을 탐하는 사람인가에 따라 그 지도자가 추앙받는가 원망을 듣는가가 달려 있는 것이다. 만고불변의 진리가 아닐까. 지도자의 역량과 인격도 중요한 것이지만 보필하는 사람들의 인격 수양 또한 매우 중요한 것이다.

지도자가 모든 것을 일일이 다 알지 못하기에 옆에서 돕는 보좌관들이 어떠한 인물들인가에 따라 민중들에게 비치는 지도자의 모습이 달라질 수 있는 것이다.

그런데 한 나라가 이루어지는 것은 한 사람의 지도자와 그 지도자를 둘러싼 몇몇 측근들만의 활동으로 이루어지는 것은 아니다. 국민 개개인 각자가 모여 각자의 책임과 임무를 다할 때 이루어지는 것이다.

국민이 없다면 나라는 이루어질 수 없는 것이다. 그러기에 국가가 이루어지는 세 가지 중요 요소에 국민이 들어가는 것이 아니겠는가. 아무리 훌륭한 지도자가 있으면 무엇하고, 아무리 인격수양이 잘 되고 올바른 보좌관이 있으면 무엇하겠는가. 국민이 없다면 그들은 아무 소용이 없게 되는 것이다. 그러기에 옛날 영토싸움을 할 때 나라의 강함을 국민의 많고 적음에 두지 않았던가.

이렇듯 국가형성의 중요 요소인 국민 각자가 나라를 사랑하는 마음으로 책임과 의무를 다할 때 모두는 충신이 되는 것이고 나라는 발전하고 국력은 커지는 것이다.

지금 지구의 환경문제가 심각하다는 말이 많으니 자연을 보호하는 마음을 가지고 재활용운동에 적극 참여하며 수질오염, 대기오염의 주범이 되는 오염물질의 사용을 줄이고 길가에 함부로 휴지를 버리지 않고, 이웃과 사이 좋게 지내는 등 작은 일이라도 신경 써 행하는 것이 바로 애국하는 길인 것이다.

　꼭 지도자를 옆에서 돕고 윗자리에 있는 것이 애국하는 길은 아닌 것이다. 역사는 몇몇 유명한 사람에 의해 이루어지는 것이 아니고 이름없는 다수의 대중에 의해 이루어진다 하지 않는가.
　각자 자기가 맡은 일에 충실하고 자신이 하는 일이 사회에 해로운 일인가 득이 될만한 일인가 잘 판단하여 해가 될 것 같으면 그만두어야 한다. 꼭 큰 일만이 나라를 사랑하는 일이 아니며, 작은 일에도 충실히 행하고 자기 일에 충실하는 일에서부터 나라 사랑하는 일이 시작되는 것이다.
　장현광은 이와 같은 말을 하였다.
　"시골 구석에 사는 평범한 백성들이야 어디 조정에 출입하면서 임금 섬기면서 군신(君臣)의 의(義)를 다할 수 있으리오. 오직 자기 천직대로 직분을 다하고, 그 맡은 바 임무를 다하여 국가가 백성을 길러 주는 은혜를 저버리지 않는다면 곧 백성의 의무는 다된 일이라 하겠다.
　독서하는 선비들은 뜻을 견고히 하여 학문길에 전념한다면 이 또한 장래가 기대된다. 농사짓는 사람들은 한 벌의 옷, 한 끼니의 밥인들 평안하게 지낼 수만 있다면 모두가 나라의 혜택이 아닐 수 없는 일이다. 그러므로 그 갚음의 길이란 자기에게 부과된 세금을 잘 갚아 내며, 부역 등 백성의 의무만 다한다면 나라는 자연 안락해질 것이다."

　子曰 君子之事上[1]也에 進[2]思盡忠하고 退[3]思補過[4]하고 將順[5]其美하고 匡救[6]其惡이라 故로 上下能相親也라 詩[7]云 心乎愛矣하면 遐不謂矣하고 中心藏之하니 何日忘之리오하니라

　1) 事上(사상) : 상(上)은 임금을 뜻하고 사상은 임금을 섬긴다는 뜻.

2) 進(진) : 임금 앞에 나아가다. 벼슬을 하여 임금 앞에 나아가 정사를
   보살필 때.

3) 退(퇴) : 집으로 돌아오는 것. 퇴조(退朝).

4) 補過(보과) : 잘못을 고치고 부족한 것을 메꾸는 것.

5) 將順(장순) : 실행하고 따른다는 뜻.

6) 匡救(광구) : 나쁜 행실을 바로잡고 고치게 하는 것.

7) 詩(시) :『시경(詩經)』소아(小雅) 습상(隰桑)의 편 일부.

자(子) 가로되 "군자(君子)의 상(上)을 섬김에 있어 나아가서는
충성을 다할 것을 생각하고 물러나서는 허물을 보(補)할 것을 생
각하며 그 아름다운 것을 따라 행하며 그 나쁜 것을 바로잡고 그
치게 하느니라. 그러므로 상하(上下) 능히 서로 친(親)하느니라.
시(詩)에 이르기를 '마음으로 애(愛)하면 멀다 이르지 아니하고
중심(中心)에 감추나니 어느날을 잊을까' 라고 하였느니라."

제 18 장 부모가 돌아가시면
(喪親章 第十八)

봉양은 잘 할 수 있으나
부모를 공경하기는 쉽지 않다.
공경을 잘 할 수 있으나
마음을 편안하게 해드리기는 쉽지 않다.
마음을 편안하게 해드릴 수는 있으나
돌아가실 때까지 변하지 않기는 쉽지 않다.
부모가 돌아가신 뒤에도 그 몸을 삼가고
조심스레 행동하여 부모에게
좋지 않은 소리를 듣지 않게 하는 것을
종신 (終身) 토록 효행하는
것이라고 이를 수 있다.
『여씨춘추 8람』 효행람편 '악정자춘 (樂正子春)'

제 18 장 부모가 돌아가시면

1. 3년 동안의 상복을 입는 것은

공자께서 말씀하셨다.

"효자 (孝子)가 부모의 상을 맞이하면 곡 (哭)을 하는데 있어 다른 웅얼거림이 있지 아니하고 예절에서 용모를 갖추지 아니하며, 언어에는 꾸밈이 있지 아니하며, 좋은 의복도 편안하지 아니하며, 음악을 들어도 즐겁지 아니하며, 맛있는 음식을 먹어도 맛을 느끼지 못하는 것이다.

이것은 애통 (哀痛)해 하고 서러워하는 정 (情)이 있기 때문이다.

돌아가신 후 3일만에 음식을 먹는 것은 모든 백성들이 돌아가신 부모 때문에 살아있는 자식인 자신의 몸을 상하여 자신의 생명을 잃지 않도록 가르치는 것으로, 이것을 가리켜 성인 (聖人)이 시행하는 정치라고 한다.

부모가 돌아가시면 상복 (喪服)을 3년이 초과하지 않게 하는 것은 모든 백성에게 끝이 있는 것을 보여 주는 것이다.

관 (棺)과 외관을 만들고 옷과 이불을 만들어 시신에 입혀 관에 넣고, 그 제기 (祭器)를 진열하고, 애통해 하고 서러워하며 남자는 발을 동동 구르며 곡을 하고 여자는 가슴을 치며 곡을 하고, 슬퍼하며 상여를 보내고, 좋은 묘자리를 골라 편안하게 모시는 것이다.

또 종묘(사당)를 만들어 혼백이 흠향하도록 하여 봄과 가을에 제사를 모시며 때마다 제사를 모시고 부모를 생각하는 것이다.

이는 살아계실 때는 사랑과 공경을 다하고 돌아가셨을 때는 애통과 서러움을 다하여 모시나니, 이것을 가리켜 인간의 근본을 다했다고 하는 것이며, 또 죽음과 삶의 도리가 갖추어진 것이다.

이것을 가리켜 효자가 부모를 섬기는 일을 다했다고 말할 수 있는 것이다."

▨효자(孝子)는 어버이가 살아계실 때도 극진한 효도를 다하지만 돌아가셨을 때도 극진히 장례를 치른다. 형편에 맞게 정성을 다하고 슬픔을 다해 어버이를 보내드린다. 그리하여 어버이를 잃은 슬픔이 너무도 커 물 한 모금도 목에 넘기지 못하고 서럽고 애통한 소리로 눈물만 흘리는 것이다. 아무리 패륜아(悖倫兒)라 하더라도 어버이의 죽음 앞에서는 목이 메이는 것이다.

언제까지나 살아계실 것 같은 어버이였기에 제대로 효도를 하지 못한 사람은 더더욱 자신의 불효가 마음 아파 땅을 치며 후회의 눈물을 흘리는 것이다.

그런데 효자는 어버이를 너무도 사랑했고 언제나 모시면서 나의 일부가 되었는데 어버이가 돌아가시면 내 일부가 허물어 진 것이나 다름이 없으니 더욱 슬퍼질 수밖에 없지 않은가. 그리하여 며칠씩 물 한 모금 넘기지 못하고 슬퍼하다 기절하기도 하고 몸져 눕기도 한다.

그러므로 옛 성현들은 돌아가신 분들을 애도하는 정

(情)도 중요하지만, 어버이가 물려준 몸을 보존하여 그 뜻을 이어나가야 하는 막중한 임무가 주어진 자식의 몸을 상하지 않게 하기 위해 적어도 3일이 지나면 식사하도록 했던 것이다.

그렇다고 당장 산해진미에 평상시대로 맛있는 것을 먹는 것은 아니다. 아니 차마 맛있는 음식을 목으로 넘기지를 못하는 것이다. 맛있는 음식이나 어버이가 좋아하시던 음식 등을 보면 어버이 생각에 목이 메어 넘어가지 않기 때문이다.

『예기 (禮記)』에도

"아버지가 돌아가시고 나서 차마 아버지의 책을 읽지 못하는 것은 아버지의 손때가 묻어 있기 때문이다. 어머니가 돌아가시고 나서 쓰시던 그릇들을 차마 사용하지 못하는 것은 어머니의 입김의 기운이 남아 있는듯 하기 때문이다."

라고 하였다.

시간이 흐르면 그 서럽고 애통한 마음이 덜해지겠지만 돌아가시고 바로는 너무도 슬퍼 그저 눈만 돌려도 슬픔이 복받쳐 통곡을 하게 된다.

그래도 몸을 유지할 만큼의 음식을 들어 정신을 차리고 몸을 수습하여 어버이를 편안히 묘에 모시고 복상 (服喪) 기간인 3년 동안 정성껏 제사지내고 애도하는 것이다.

복상기간인 3년을 길다고들 하나 일평생을 자식을 위해 희생하신 어버이의 은혜에 비하면 순간에 지나지 않는다.

재아 (宰我)가 스승인 공자에게 묻기를

"3년의 상 (喪)은 기간이 너무 오래입니다. 군자가 3년 동안이나 예절을 차리지 않는다면 예절은 반드시 무너질 것이며, 3년 동안이나 음악을 다루지 않는다면 음악은 반드시 붕괴될 것입니다.

묵은 곡식이 이미 떨어지고 햇곡식이 나오며, 불 일으키는 나무를 고쳐 새로운 나무로 불을 일으키게 되니, 1년이면 그칠 만하지 않습니까?"

하니, 공자가 답하기를

"쌀밥을 먹고 비단옷을 입는 것이 네게는 편안하느냐?"

하였다.

"편안합니다."

"네가 편안하다면 그렇게 하여라. 대저 군자가 상중(喪中)에는 좋은 음식을 먹어도 맛이 없으며, 음악을 들어도 즐겁지 않으며, 거처하는 곳이 편안하지 않다. 그러므로 그렇게 하는 것이니, 이제 네가 편안하다면 편안한 대로 행하여라."

재아가 나가니 공자가 말하기를

"재아는 어질지 못하구나. 자식이 태어난 지 3년이 지난 뒤에야 부모의 품에서 벗어나는 것이니, 대저 3년상이 천하에 공통된 상례(喪禮)로다. 재아도 그 부모에게서 3년 동안의 사랑을 받았으련만…"

하였다.

공자의 말대로 인간은 태어나자마자 걸어다니고 먹을 것을 스스로 해결하는 일을 하지 못한다. 그렇기에 어버이의 극진한 사랑 속에서 음식을 받아먹고 자라며 기저귀를 갈아주는 손길에서 몇 년을 지내는 것이다. 아무리 잘나고 훌륭한 사람이라도 이러한 부모의 손길을 거치지 않은 사람은 하나도 없다.

몇 년 동안의 그런 손길에서 벗어난다 해도 어버이의 사랑은 어버이의 임종 때까지 계속되는 것이다. 자식을 위해서라면 모든 것을 바쳐 행하는 어버이의 그 큰 은혜를 생각한다면 3년 동안 입고 먹고 즐기는 일을 자제하고 어버이를 애도하는 일은 너무도 쉬운 일이며 작은 일이 아닐 수 없다.

부모님을 생각하는 마음이 있는 사람이라면 아무 어려움 없이 행할 수 있는 것이다. 또한 다른 사람보다 몇배 부모님을 사랑하여 도저히 잊지 못하는 사람이라면 평생을 그렇게 절제하며 살 수도 있는 것이다. 그렇다고 다른 사람들과 동떨어지게 사는 것은 안 된다.

부모님을 애도한다고 두문불출하며 다른 사람과 왕래하지 않고 사회생활도 하지 않은 채 은둔해 산다면 이는 어버이가 바라는 것이 아닐 것이다. 어버이는 언제나 자식들이 잘 되기를 바라는 것이니, 사회에서 인정받고 칭송받는 그런 사람이 되기를 모든 어버이는 자식들에게 원한다.

그러니 어버이가 살아계실 때나 돌아가셨을 때나 언제나 자신을 수양하고 학문을 닦고 사회에 유익한 일을 하여 부모님의 마음을 기쁘게 해드리고 부모님의 이름이 빛나도록 해야 하는 것이다.

자신을 존재하게 해주시고 장성하도록 키워주시고 사랑해 주시는 부모에게 모든 정성을 다해 효도하여 하늘과 신령도 감동하도록 하면 내 존재의 뿌리를 확고하게 내리는 것이다. 이는 부모가 돌아가셨을 때도 자연히 정성을 다하는 행동이 나오게 되는 뿌리이며, 우애있고 화목(和睦)하고 애국하게 하는 영양분을 주는 뿌리인 것이다.

내가 춥고 배고프면 자식들의 춥고 배고픈 것을 먼저 생각하고 내가 아프고 고통스러우면 자식들의 아픔과 고통을 먼저 걱정하시는 부모를 위해 나의 안일함과 즐거움을 약간만 절제하는 것은 부모의 자식 걱정보다는 손쉬운 일이 아닐까.

옛날 동한(東漢) 때 강혁(江革)이라는 사람은 아버지를 일찍 여의고 홀어머니를 모시고 살았다. 그런데 천하가 어지러워져 여기저기서 도둑들이 들고 일어나 난리가 났다. 혁은 난리를 피하기 위해 어머니를 등에 업고 험하고 위험한 길을 두루 거치며 돌아다니면서도 언제나 뿌리를 캐거나 나무 열매를 따 어머니가 허기지지 않도록 봉양하였다.

피난하면서 여러 차례 도둑을 만났는데 위협하며 데리고 가려하면 간절히 눈물을 흘리며 애걸하여 늙은 어머니를 모시고 있음을 말하였다. 그 말씨와 모습이 정성스럽고 간절하여 족히 사람들을 감동시키는 바가 있었으니, 비록 도둑들이지만 이에 감동하여 차마 그를 데려가지 못하였고 어떤 도둑은 난을 피해 안전한 곳으로 가는 방향까지 가르쳐 주기도 하였다.

마침내 아들과 어머니는 난리 속에서 안전하게 몸을 지킬 수 있었다.

그러나 고향을 떠나왔기에 계속 유랑생활을 하였다. 가난하고 궁색하여 옷도 제대로 걸치지 못하고 맨발로 다니며 품팔이를 하여 어머니를 봉양하였다. 자신은 헐벗고 맨발이었지만 어머니를 편안히 모시는데 필요한 음식이나 의복 등은 부족함 없이 넉넉하였다.

강혁은 자신의 안일과 편안함을 버리고 어머니의 평안을 위해 정성을 다했던 것이다.

또 중국 초(楚)나라의 노래자(老萊子)는 어버이를 기쁘게 해드리기 위해 나이 70세에도 불구하고 아이처럼 재롱

을 부리고 때때옷을 입었으며, 일부러 넘어져 울음소리를
내고, 어버이 곁에서 새새끼를 가지고 놀았다 한다.

부모님께 효도한다는 것은 평생에 걸쳐 하는 것이지 잠
깐 하다 마는 것이 아니다.

양자(楊子 ; 楊雄)는 말하기를

"부모를 섬기면서 스스로 부족함을 아는 이는 순임금과
같다. 가히 오래할 수 없다는 것은 어버이 섬기는 일을
일러 말한 것이니 효자는 하루하루의 날을 아낀다."
라고 하였다.

하루하루를 소중하게 생각하고 어버이의 살아계심을 기
뻐하며 효도할 수 있는 기회가 주어짐을 감사하게 여기고
나의 공경과 정성을 다해 효도한다. 그러다가 노환으로
어버이가 돌아가시면 또한 예를 다하고 애통함을 다해 여
전히 정성을 다한다. 상기(喪期)를 마치고도 항상 부모에
게 욕될 일을 하지 않기 위해 항상 삼가고 조심하며 이름
이 빛나도록 하고 청렴하게 지내는 것이 인간의 도리인
것이다. 아니 인간의 욕망이며 바램인 것이다.

이 세상에 모든 것을 완벽하게 갖춘 인간은 있지 않지
만 완벽해지려고 노력하는 것이 삶이 아니겠는가.

子曰 孝子之喪親[1]也에 哭不偯[2]하고 禮無容[3]하고 言不文[4]
하고 服美不安하고 聞樂不樂하며 食旨不甘하니 此哀戚[5]之情
也라 三日而食은 敎民無以死傷生[6] 毁不滅性[7]은 此聖人之
政也라 喪不過三年은 示民有終也라 爲之棺槨[8]衣衾而擧
之하고 陳其簠簋[9]하여 而哀慼之하며 擗踊[10]哭泣하여 哀以送
之하고 卜其宅兆[11]하여 而安措之하고 爲之宗廟하여 以鬼享之
하고 春秋祭祀하여 而時思之라 生事愛敬하고 死事哀慼하면
生民之本盡矣요 死生之義備矣라 孝子之事親終矣라

1) 喪親(상친) : 아버지나 어머니가 돌아가시면 상례(喪禮)를 치르는 예절을 말한다..

2) 不偯(불애) : 슬퍼 울기만 하고 다른 말을 하지 않는 것.

3) 容(용) : 용모를 단정히 하는 것.

4) 不文(불문) : 말에 수식어를 첨가하지 않는 것.

5) 哀戚(애척) : 애통해 하고 서러워하는 것.

6) 傷生(상생) : 생명을 해치다.

7) 毁不滅性(훼불멸성) : 몸을 망가뜨려 수명을 단축시키다.

8) 棺槨(관곽) : 외관(外棺)과 내관(內棺).

9) 簠簋(보궤) : 제기(祭器). 보는 밖이 네모나고 안이 둥글며 궤는 안이 네모나고 밖이 둥근 것으로 서직(黍稷)을 담는 제기들.

10) 擗踊(벽용) : 벽은 여자가 가슴을 치며 우는 것. 용은 남자가 발을 동동 구르며 우는 것으로 슬픔이 극에 달했을 때의 행동.

11) 卜其宅兆(복기택조) : 묘자리가 길한가를 점치는 것.

자 가로되 "효자(孝子)의 어버이를 상(喪)함에 곡에 애치 하니 하며 예(禮)에 용모를 나타내지 않으며 언은 문(文)치 아니하고 옷이 아름다와도 편안하지 아니하며 음악을 들어도 즐겁지 아니하며 맛있는 것을 먹어도 달지 아니하나니 이는 애척(哀戚)의 정이니라. 3일이 지난 후에 먹는 것은 백성이 죽음으로 삶을 상하지 않게 하고 몸이 훼상되어 성(性)을 잃지 않는 것을 가르치는 것이니 이것은 성인(聖人)의 정치이다. 상(喪)을 입음이 3년을 넘지 않게 한 것은 백성에게 끝이 있음을 보이는 것이다. 관곽(棺槨)과 의금(衣衾)을 만들어 넣게 하고 보궤를 진열하여 애척(哀戚)하며 가슴을 치고 발을 구르며 곡을 하여 슬픔으로 보내고 그 택조(宅兆)를 점치며 편안히 모시고 종묘를 만들어 귀신이 흠향하게 하고 봄가을에 제사를 모셔 때마다 생각하는 것이다. 살아계실 때 애정과 사랑을 다하고 돌아가신 후에 애척(哀戚)하는 것이 백성의 태어난 근본을 다하는 것이다. 이로써 사생의 도리가 갖추어진다.
이것이 효자의 어버이를 섬김의 끝마침이니라."

제 19 장 여성(女性)의 효도
(閨門章 第十九)

"사람이 금수와 구별되는 점은
사람에게 인의(仁義)의 마음이 있기 때문이다.
가까운 이웃에 위험한 일이 생겨도
오히려 달려가 구하려하는 것인데
하물며 시어머니가 위기에
처해 있음을 보고
어찌 내버려 둘 수 있습니까?
가령 만에 하나 시어머니께서
위화를 당한다면 어찌
며느리인 나혼자만이
살아남을 수 있겠습니까"
『소학』 선행편에서 '노씨(盧氏)'

제 19 장 여성 (女性)의 효도

1. 집안에서도 예의가 있어야

공자께서 말씀하셨다.

"가정의 틀 안에서도 예의가 갖추어져야 한다.

집안에 엄격한 아버지와 엄격한 형이 있게 되면 아내와 자식이나 부리는 사람이나 가사를 돌보는 여자들은 백성들과 일을 돕는 일꾼과 같은 것이다."

▨ 공자의 말씀에 집안에서도 예의가 갖추어져야 한다고 했다. 예의는 가장 가까운 사이에서 가장 잘 지켜져야 한다는 말이 있다. 부부사이에 있어 서로 예의가 잘 지켜지고 공경하는 마음으로 지낸다면 그 가정은 화목할 것이다.

지금 가정을 꾸미고 살아가는 모든 부부들은 한번쯤 생각해보고 자신들의 언행을 둘러보라. 서로 예의를 지키고 공경하며 지내는가를 대부분의 부부들 사이에서 오가는 말은 경칭은 물론이요 상대방을 공경한다거나 예의를 갖춘 말은 찾아보기 어렵다. 또한 행동은 어떤가. 자유분방하고 남녀평등도 좋지만 상대방을 배려하는 행동이 얼마나 되는가.

젊은 부부들 사이에서는 그런 현상이 더욱 심하다. 핵가족 사회에 사는 갓 결혼한 부부는 시부모 밑에서 고칠

것은 고쳐가며 그렇게 교육 받지 못하고 둘 만의 가정을
꾸미고 살며 자신들의 잘못된 말과 행동의 잘못을 모르
고 습관화 되어간다.

　습관이란 무서운 것이다. ‘세살 버릇 여든까지 간다’는
속담도 있듯이 한번 습관화 된 것은 고치기 어렵다. 잘
못된 습관을 고치는 것은 다른 습관을 새롭게 습관들이
는 것보다 어렵다. 그러나 사람은 망각의 동물이다. 아
무리 고치기 힘든 나쁜 습관도 좋은 습관이 몸에 배게
되면 옛날의 나쁜 습관은 차츰 그 정도가 약해져가고 오
랜 기간이 지나면 없어질 수 있다. 다만 좋은 습관을 습
관화되도록 노력해야 한다는 전제하에.

　현재 부부사이는 너무 격의 없이 지낸다. 격의 없는 것
이 좋다 할 수 있지만 너무 격의 없는 사이는 함부로 대
하게 되고 함부로 대하게 되면 어느 순간에는 감정을 상
하게 할 수 있다. 일단 감정에 상처가 나게 되면 서로
화해가 되었다 하더라도 아주 작은 앙금이라도 남게 되
는 것이다. 이러한 앙금이 남은 상태에서는 감정을 상하
게 만들 소지는 더욱 많아지게 된다. 이러한 마음 상태
를 간직하는 것은 자신이 의식하지 않는 상태에서 이루
어지게 된다. 그런데 계속 격의 없는 함부로 하는 말과
행동이 계속된다면 감정싸움은 모르는 사이에 커져 걷잡
을 수 없는 상태로까지 이어지게 된다.

　각을 이루고 서로 다른 방향으로 그어지는 선들도 처음
에는 점에서 시작되듯이, 사격에서 아주 작은 오차가 과
녁에서는 큰 차이가 나듯이 작은 마음의 상처로 인해 부
부사이에 금이 가고 서로 원수같이 여기게 되는 커다란
사건으로까지 갈 수 있다.

　부부는 사랑으로 맺어져 예의를 지키며 공경으로 살아

갈 때 화목한 가정을 이룰 수 있게 된다. 갈수록 이혼율이 높아지는 현실 상황은 사랑보다는 조건으로 맺어지고 예의보다 편안한 방종으로, 공경보다는 자기 중심적으로 지내고 자기를 내세우기에 만들어지는 상황이 아닐까.

온 가족과 친지, 친구, 동료들의 축복속에 이루어진 가정이 깨어질 때 축복해준 모든 사람에 대한 배신이며 부모들의 마음에 씻지못할 아픔과 한숨을 드리는 것이다.

여성이라고 무조건 순종하고 이해하고 참으라는 말은 현대에는 통하지 않는다. 아니 옛날도 자세히 살펴보면 그렇지는 않았다. 옛날 우리 선조 여성들은 자신의 도리를 다하고 예절과 공경을 다함으로써 대우받고 공경받고 사랑받았던 것이다.

현대 여성들도 아니 남성들도 서로 예의를 지키고 서로를 공경한다면, 어느 한쪽에게 순종을 강요하고 강요받고 어느 한쪽만 부당하게 참고 견디는 그런 일은 없다.

남녀평등을 부르짖기 보다는 서로 예의를 지키고 서로를 공경하자고 부르짓는 것이 남녀평등의 길이요, 가정의 화목을 만드는 것이요, 부모에게 효도하고 형제들과 우애하고 친척들과 사이좋게 지내는 길이다.

부모께 효도하는 길은 다른 것이 아니다. 나이가 차면 결혼하여 대를 이을 자식을 낳고 화목한 가정을 이루고 이웃과 친척과 사이좋게 지내 부모의 마음을 흡족하게 해드리며 사회에 도움을 주는 떳떳한 한 인간이 되는 것이다.

가정의 화목과 발전은 여성이 이끌어 나가는 것이다. 가정 살림을 하고 자녀를 교육시키고 양쪽 부모를 모시고 두루 집안을 화목하게 하고 사회의 올바른 삶을 이끄는 것 모두가 여성들의 몫이다.

정말 아름다운 여성은 어떤 여성일까.

자연스럽게 몸에 밴 예의와 남을 공경할 줄 아는 언행이며 사회의 일원으로써 부끄럽지 않고 가정에 있어 꼭 필요한 아내요, 어머니요, 며느리일 때 진정한 여성의 아름다움이 나타나는 것이다.

중국 당(唐)나라 하북(河北) 사람으로 최관(崔琯 : 자는 종율(從律))이라는 사람의 집은 그 형제와 자손들이 고위 고관의 높은 관직에 올라 있어 고을 안에서 그 집안과 겨룰만한 집안은 거의 없을 만큼 번성하고 영화로운 생활을 하고 있었다.

최관의 증조모인 장손부인(長孫夫人)은 늙어 치아가 다 빠지고 없어 음식을 먹지 못하였다. 그 며느리인 조모 당부인(唐夫人)은 시어머니 섬김을 효성으로 하였다.

매일 아침 머리 빗고 비녀를 꽂고 몸차림을 바로잡은 다음 시어머니가 거처하시는 방을 오르내리는 계단 아래에서 절을 하여 아침 인사를 드리고 이것이 끝나는 즉시 마루에 올라 시어머니에게 젖을 먹였다. 그리하여 시어머니인 장손부인은 여러 해 동안 곡식류를 먹지 않았음에도 불구하고 건강을 유지할 수 있었다.

이렇게 지내오던 어느날 장손부인의 병이 중하여 임종을 맞이하게 되어 집안의 어른과 어린이 등 모든 가족이 그의 머리맡에 모였을 때 장손부인은 선언하기를

"며느리의 은혜를 갚을 길이 없다. 며느리가 자손 두기를 모두 이 며느리와 같이 어른을 공경하고 정성으로 모시어 효도를 다하는 자손들이 되기를 원한다. 그렇게 하면 우리 최(崔)씨 집안이 번성하고 영화로움을 반드시 얻을 수 있으리라." 하였다.

이 이야기 어느 부분에 고부간의 갈등 같은 것을 엿볼 수 있는가. 며느리의 지극한 정성과 그 정성에 감동한

시어머니의 감격어린 덕담은 두 사람 사이의 깊은 사랑
을 느끼게 한다.

　고부간의 갈등을 어쩔 수 없는 것으로, 꼭 있을 수밖에
없는 것으로 말하는 사람들이 더러 있다. 그러나 며느리
의 진심어린 정성과 공경어린 사랑은 고부간의 갈등이
아닌 고부간의 사랑을 만들어내는 것이다. 고부간의 사
랑을 만들어낸 사랑 받는 며느리는 시부모께 효도하는
것이요. 화목한 가정을 이루고 행복하게 지냄으로써 친
정부모를 안심시켜드려 효도하는 것이다.

　『시경』에 이르기를 '지자우귀 의기가인(之子于歸 宜其
家人)'이라

　"젊고 고운 덕을 갖춘 저 아가씨의 시집감이여.

　그 집안 사람들과 잘 어울려 화목하게 지내리라."

　했다. 한 가정에서 한 여성의 임무란 막중한 것이다.
한 가정의 우애와 사랑이 한 여성에게 있기 때문이다.

　　子曰 閨門¹⁾之內에　具禮²⁾矣乎야　嚴親嚴兄³⁾하니　妻子臣妾
은 猶百姓徒役⁴⁾也라

　1) 閨門(규문) : 여자가 거처하는 침실을 뜻하나 여기서는 집안.

　2) 具禮(구례) : 가정엔 법도가 있어야 함. 곧 예절이 갖추어져야 함.

　3) 嚴父嚴兄(엄부엄형) : 엄격한 아버지. 엄격한 형. 곧 가정에서 존경
　　　을 받는 아버지와 형.

　4) 徒役(도역) : 국가의 공사에 징발된 사람. 부역을 하는 사람.

　자 가로되 "규문(閨門)의 안에서도 예의가 갖추어져야 한다. 엄
한 아버지와 엄한 형이 있으면 처자(妻子)와 신첩(臣妾)은 백성과
부역을 사는 사람과 같으니라."

　※ 이 19장은 『효경정의(孝經正義)』에 없는 장(章)이다.

제 20 장 부록(附錄)

어버이 날 낳으셔 어질고자 길러내니
이 두분 아니시면 내 몸 나서 어질소냐
아마도 지극한 은덕을 못내 갚아 하노라
낭원군(朗原君 · ? ~ 1699)

1. 날마다 편지 쓰는 효심

영국의 체임벌린 내각 당시 외상 (外相) 이었고, 제 2 차 세계대전 당시 주미대사였던 하리패크 경 (卿) 은 바쁜 정무에도 불구하고 틈을 내어 아버지에게 매일 편지를 쓰는 효심을 가진 사람이었다.

영국의 명문 태생인 그는 일찍이 어머니와 삼형제를 여의고 육친은 아버지 단 한 사람이었던 까닭이다. 후에 인도의 총독으로 임명되었을 때, 80이 넘은 늙으신 아버지를 홀로 두고 5년간이나 인도에 가 있는 것이 걱정스럽다 하여 아버지에게 의논하고 돌아올 때까지 건강하시도록 신에게 기원하고 떠났다 한다.

인도에 있을 때 하루도 빠짐없이 아버지에게 편지를 드리고 그 안부를 여쭈었다 한다.

2. 민자건의 효행

민자건 (閔子騫) 은 공자의 제자 가운데서 이름난 효자로 꼽히고 있다. 그의 아버지는 일찍이 아내를 잃게 되자 후처 (後妻) 를 얻었다. 그러나 그의 계모 (繼母) 는 마음이 좋지 못한 사람이었다. 그녀는 전처의 소생인 민자건을

몹시 학대하였다. 그래도 효성이 지극한 민자건은 아버
지에게 심려를 끼쳐드리지 않기 위해 내색하지 않았다.

어느 겨울이었다. 자신의 잘못을 뉘우치지 못하고 더욱
심술이 난 계모는 아들들의 옷솜에 차별을 두었다. 자기
가 낳은 두 아들에게는 두터운 솜을 넣은 옷을 만들어
입히고 민자건의 옷에는 갈대꽃을 넣어 입혔다. 칼날같
은 바람이 민자건의 온몸을 파고들어 그렇게 괴롭힐 수
없었다.

그래도 참을성이 많은 그는 그런 내색을 하지 않았다.
그러니 그의 아버지는 민자건의 고초를 알 까닭이 없었
다. 그러던 어느 날 그의 아버지는 세 아들과 함께 길을
걷게 되었다.

이 때 그의 아버지는 큰아들 민자건이 몹시 추위를 타
는 것을 알게 되었다.

"다른 아이들은 그러지 않는데 너는 왜 그리도 추위를
타느냐?"

아버지의 묻는 말에 민자건은 무어라 대답할 수가 없었
다. 이상히 여긴 그의 아버지는 민자건의 옷을 만져보았
다. 옷속의 내용물은 솜이 아니라 갈대꽃이었다. 그 갈
대꽃을 확인한 그의 부친은 그제서야 그의 부인이 민자
건에게 차별을 하는 것을 알고 크게 화를 냈다.

"돌아가자. 집으로 돌아가서 너의 계모를 쫓아버리자."

일이 뜻밖의 방향으로 진전되자 민자건은 부친에게 매
달려 애원하였다.

"지금 아버님은 노한 나머지 얻고 잃는 것에 관해 잘
모르십니다."

"그것이 무슨 말이냐?"

"지금의 어머님이 계시면 한 자식만 춥게 지내면 됩니

다. 그러나 만일 지금의 어머님이 가시게 되면 세 자식이 추위에 떨어야 될 것입니다.”

“세 자식이라니 ?”

“두 아우와 제가 새로 오시는 어머님으로부터 솜 대신 갈대꽃을 넣어주는 옷을 받아 입어야 할 것 아니겠습니까. 그렇게 되면 세 아들을 고생시키는 결과만 초래할 뿐입니다. 차라리 한 아들이 추위에 떨더라도 두 아들이 고생스럽지 않도록 지금의 어머님이 그대로 계시게 하여 주십시오.”

민자건의 간곡한 이 말을 들은 부친은 다시 생각해 보았다. 참으로 옳은 이야기였다. 그의 아버지는 부인을 크게 꾸짖는 선에서 일을 마무리하였다. 이에 악모(惡母)였던 계모는 민자건의 효성과 그 착한 마음에 감동되어 현모(賢母)로 개과천선하였다.

3. 효도해야 한다는 부처의 말씀

부처님께서는 다음과 같이 말씀하셨다.

“이제 너희들은 청정한 마음으로 잘 듣고, 진심으로 믿고 행하기를 바라노라. 내 이제 너희와 모든 중생들을 위해 자세히 설하리라.

이 세상의 부귀빈천과 끝없는 고통, 슬픔이나 재난, 무한한 괴로움과 즐거움, 한량없는 행복은 모두 전생에 지은 한량없는 선악의 행위로 이루어지는 것이다. 자기가 행한 선악(善惡)의 결과로 받는 인과(因果)는 이런 것들이니라.

첫째, 너희는 부모에게 효도해야 하느니라. 부모가 아니면 사람들이 어떻게 세상에 태어날 수 있으랴? 부모가 있으므로 우주의 근본이 되는 이 몸이 있으며, 사람의 도리가 있으니, 이 모두가 부모의 은혜가 아니고 무엇이랴?

그러므로 부모가 살아계실 때는 지성으로 봉양하고 부모가 세상을 떠난 후에는 영가를 잘 천도하여 왕생극락을 발원해야 하느니라. 또 자신의 부모가 아니더라도 병든 노인이나 나이 많은 노인을 대할 때 마치 내 부모를 대하듯 공경해야 하느니라.

그렇게 할 때, 불·법·승(佛法僧) 삼보(三寶)와 천인(天人), 용(龍)이나 모든 선신들이 항상 보호하며, 힘든 지경을 당할지라도 세세생생 많은 사람들의 도움을 받을 수 있느니라. 그렇게 해야만 사람으로 떳떳하게 살아갈 수 있을 뿐만 아니라 그 수명 또한 길어지고 자손 대대로 많은 복을 누리며 부귀하게 살 수 있다. 이 가르침을 어기고 부모에게 불효하는 자는 그 자식이 화를 받을 것이며, 늙고 병약해지면 버림받으리라.

둘째, 삼보에 귀의해야 한다. 그리하면 부처님과 호법신장들에게 보호받고, 죽은 후엔 지옥에 떨어지는 일이 없으리라.

셋째, 살생을 하지 말고 방생(放生)하라. 고통받는 모든 중생들을 가엾게 여기고 공양과 보시에 힘쓰라. 그 일이 바로 행복의 씨앗이 되느니라. 세상의 모든 행복이나 부귀 영화는 모두 자신이 전생에 지은대로 받는 과보이다.

스스로 짓고 스스로 거두는 인과응보이니, 이런 삼세인

과(三世因果)를 가볍게 여기지 말라. 이 삼세인과의 법문(法問)을 설하는 것은 삼세의 인과가 모든 중생들에게 더없이 소중한 까닭이니 이를 받들어 지성으로 행하라."
—『삼세인과경(三世因果經)』에서—

4. 송강(松江)의 훈민가(訓民歌)

정철(鄭澈)의 가사(歌辭) 중에는 훈민가가 있는데 중요 부분을 살펴보면 다음 구절이 관심을 끈다.

> 아바님 날 나흐시고 어마님 날 기르시니
> 두분곳 아니시면 이 몸이 사라시랴
> 하눌ᄀᆞ튼 은덕을 어듸다혀 갑ᄉ오리 (1연)

이 시조를 현대어로 풀이하자면, 아버님이 나를 낳으시고, 어머님이 나를 기르시니, 두 분이 아니었더라면 이 몸이 살 수 있었을까. 이 하늘같이 큰 은혜를 어디에다 갚을 것인가 하는 뜻이다.

이 시조는 훈민가의 첫 작품으로, '부의모자(父義母慈)'라는 제목으로 된 것이다. 부모는 어린아이에게는 신(神)과 같은 존재요, 태양과 같은 위치에 있다.

사람의 두 가지 큰 비극은 부모없는 고아가 되는 것과 나라 잃은 망국인(亡國人)이 되는 것이라 한다. 어린아이는 부모의 사랑을 먹고 자란다. 사실 부모없는 어린아이는 버림받은 목숨이나 다름이 없다.

　나를 낳아서 정성으로 키우고 한없이 사랑해 주신 부모의 은혜를 알고 보답하려는 마음이 효(孝)의 윤리로 표현되었다.
　부모의 은혜를 알고(知恩), 느끼고(感恩), 감사하고(謝恩), 보답하려는(報恩), 마음이 곧 효심(孝心)이요 효성(孝誠)인 것이다. 결국 부모에 효도하려는 마음은 인간의 자연스러운 미덕이라 할 수 있다.

　　형아 아이야 네 슬을 믄져보와
　　뉘손디 타나관디 양지조차 ᄀᄐ손다
　　한젓 먹고 길러나이셔 닷ᄆᆞᆷ을 먹디 마라 (3연)

　이 시조는, 형아 아우야 네 살을 만져 보아라. 누구에게서 태어났기에 그 모양도 같은가(한 부모에게서 태어났기 때문이 아닌가). 어머니의 한 젖을 먹고 자라나서 어찌 다른 마음을 먹을 수가 있겠는가. 그러니 한마음 한뜻으로 서로 사랑하고 공경하라는 뜻이 내포되어 있다.
　'형우제공(兄友弟恭)'이라는 제목이 붙은 시조로, 형제의 우애를 강조한 글이다.
　가족은 3대 관계로 구성되는데, 첫째는 부부(夫婦)의 관계요, 둘째는 친자(親子)관계요, 셋째는 형제자매 관계다. 부부는 가깝고도 먼 사람으로서 만일 이혼하게 되면 완전히 남이 된다. 그러나 나머지 두 관계는 피로 얽힌 혈족관계다.
　『시경(詩經)』에는 "형제는 같은 집안에서는 서로 싸움도 하지만, 일단 외부에서 모욕을 당하면 그것을 막기 위하여 일치단결한다."는 말이 있다.
　서양 격언에도 "형제는 하늘이 준 우정"이라는 말이 있

다. 결국 형제애 (兄弟愛)는 인간의 사랑과 정 (情)의 가
장 깊고 아름다운 것으로 인간 우애의 가장 이상적인 형
태라 할 수 있을 것이다.

　　어버이 사라신제 셤길 일란 다ᄒᆞ여라
　　디나간 휘면 애닯다 엇디 ᄒᆞ리
　　평성애 고텨 못홀 일이 잇쓴인가 ᄒᆞ노라 (4연)

　이 시조는 부모님께서 살아 계실 동안에 섬기는 일을
다 하여라. 돌아가신 뒤면 아무리 애닯아 해도 어찌할
도리가 없는 것이다. 평생에 다시 할 수 없는 일은 부모
섬기는 일인가 하노라 하는 뜻으로 풀이할 수 있다.
　'자효 (子孝)'라는 제목이 붙은 이 시조는, 살아계실 동
안에 부모 공경을 열심히 해야 함을 강조하고 있다.
　효에는 세 가지가 있다. 가장 큰 효는 부모를 존중하고
공경하는 것이다. 그 다음은 부모를 욕되지 않게 하는
것이요, 제일 낮은 효는 부모를 의식주로써 잘 봉양 (奉
養)하는 일이다. 이것은 공자의 제자인 증자 (曾子)의 말
로, 효의 대중소 (大中小), 즉 대자 (大者), 중자 (中者),
소자 (小者)를 갈파한 명언이라 할 수 있겠다.
　존친 (尊親)이 효의 으뜸가는 것이라 한 것은 곧 부모의
생명과 인격을 존중하는 것이 효의 근본이요 핵심이라는
얘기다. 윗시조의 시상 (詩想)과 비슷한 격언으로 다음과
같은 글이 있다.
　사후만반진수찬　불여생전일배주 (死後萬盤珍羞饌　不如
生前一杯酒 : 돌아가신 뒤의 잘 차린 음식이, 살아계신 동
안의 술 한 잔만 못하다.), 수욕정이풍부지 자욕양이친부
대 (樹欲靜風不止　子欲養而親不待 : 나무는 조용하고자　하

나 바람이 그치지 않고, 자식은 어버이를 봉양코자 하나 기
다려 주지 않는다.).

　우리는 효를 구시대의 도덕이라고 일축해서는 안 된다.
이는 나를 낳아서 기르고 가르친 부모의 큰 은혜에 감사
하고, 보답하려는 아름다운 정신이다. 이는 곧 사람으로
서의 본분과 도리를 다하는 것이라 할 수 있다.

　　연 어와 뎌 족하야 밥 업시 엇디 흘고
　　어와 뎌 마자바 옷 업시 엇디 흘고
　　머흔 일 다 닐러ᄉ라 돌보고져 ᄒ노라(11연)

　아아, 저 조카여 밥없이 어찌할 것인고? 아아, 저 아
저씨여 옷없이 어찌할 것인고? 궂은 일이 있으면 다 말
해 주시오. 돌보아 드리고자 합니다.

　이 시조는 '빈궁우환 친척상구(貧窮憂患　親戚相救)'란
제목이 붙은 것으로 어려운 친척을 서로 도와야 함을 말
한 글이다.

　나라를 사랑하는 마음이 이웃을 사랑하는 마음이요, 이
웃을 사랑하는 마음이 친척을 사랑하는 마음으로, 마음
과 마음 사이를 꿰뚫어 흐르는 마음이 뜨겁다는 것이 송
강의 마음 바탕이었던 것으로 보인다.

　무쇠처럼 굳건하고 바위같이 단단한 일편단심의 왕권
주의파였던 그의 어느 구석에 이같이 따뜻하고도 풍부한
인정미가 넘쳐 흘렀을까 싶을 정도로 이 시조는 인정이
샘물처럼 솟구치고 있다. 정에 약하고, 가난에 마음 아
파하던 송강의 진면모를 엿볼 수 있다.

　　연 이고 진 뎌 늘그니 짐 프러 나를 주오

　　나는 졈엇써니 돌히라 무거울가
　　늘거도 셜웨라커든 짐을조차 지실가 (16연)

　　머리에 이고 등에 짐을 진 저 늙은이시여! 그 짐을 풀
어서 내게 주십시오. 나는 젊었으니 돌덩이인들 무겁겠
소? 늙어가시는 것만도 서럽다 하겠거늘 거기에 무거운
짐까지 지셔야 되겠습니까?
　　'반백자불부대 (斑白者不負戴)' 라는 제목이 붙은 이 시
조는 노인을 공경하고 도와주어야 한다는 내용이다. 경
로사상 (敬老思想) 은 동양인의 가장 아름다운 사상 가운
데 하나다. 현실에서 소외당하기 쉬운 늙은이를 보호하
고 존중하는 태도는 인성 (人性) 의 가장 깊은 표현이라
할 수 있을 것이다.
　　높은 벼슬 자리에 앉아서 나라의 경륜을 펴던 그가 이
만큼 평민성을 지니고 있었다는 것은 계급의식이 절대적
이었던 당시로서는 보기 드문 일이라 할 수 있을 것이
다. 그 기저에 인간애가 흐르고 있음은 두 말할 나위도
없다.
—한춘섭 편저『古時調解說』에서—

5. 어머니를 구원한 목련존자

　　옛날 왕사성 (王舍城) 가운데 한 장자가 있었다. 그의
이름은 부상 (傅相) 이라 했다. 큰 부자인 그가 말할 때는
언제나 웃음을 머금어서 남을 즐겁게 했다. 그러던 어느

날 그는 갑자기 병이 들어 죽고 말았다.

그의 아들 나복이 있었는데, 그는 아버지의 장례를 치른 후 3년간의 시묘를 마치고 어머니에게 여쭈었다.

"아버님이 계실 때에는 재물이 한없이 많았으나 지금은 창고가 비게 되었습니다. 저는 외국에 나가서 장사를 해볼까 합니다."

그리고는 시종인 익리를 시켜서 돈을 내다가 계산을 해보니 3천관이었다. 나복은 이것을 셋으로 나누어 하나는 어머니께 드려 집안을 보전하게 하고 또 하나도 역시 어머니께 드려 삼보께 공양하며 아버지를 위해서 날마다 5백승재(스님들을 초대하여 정성을 드린 음식을 공양하는 것을 말하는데, 정도에 따라 공덕의 차이가 있음)를 베풀게 하였다. 그리고 나머지 하나는 자기가 가지고 금지국으로 가서 장사를 했다.

어머니는 아들이 떠나는 것을 보고 종들을 불러놓고 말했다.

"너희들은 내 말을 잘 들어라. 지금 우리 집은 큰 부자이다. 만일 스님들이 우리집 문앞에 와서 우리를 교화하려거든 너희들은 나를 위하여 방망이로 그를 쳐죽여서 목숨이 남아나지 않도록 해라."

그리고는 아들이 두고 간 재 올리라는 돈으로 가축을 사다가 기르고, 잔인하게 잡아서 귀신에게 제사하는 것으로 모든 즐거움을 누렸다.

나복은 돈 1천관을 가지고 외국에 간지 3년만에 3천 관을 벌어서 본국으로 돌아왔다. 집에서 40여 리 떨어진 곳에 이르러 그는 성 서쪽 큰 버드나무 아래에 잠시 쉬었다. 그는 시종인 익리를 먼저 집에 보내어 어머니께 말씀드리게 했다.

"어머니께서 만일 착한 인연을 지었으면 내가 이 돈을 가지고 돌아가서 어머니께 공양할 것이요, 만일 어머니께서 악한 인연을 지었으면 내가 이 돈으로 어머니를 위해서 보시하겠습니다."

익리가 집에 돌아오는 것을 계집종 금지가 멀리서 바라보고 달려들어가 마님께 고하자 그녀는 재를 지낸 것처럼 후원에 꾸며놓고 문을 열어주어 익리가 들어오게 한 다음 거짓말을 하였다.

"네가 나의 아들과 함께 집을 떠나간 이후부터 나는 집에서 날마다 5백승재를 지냈다. 네가 만일 이 말이 믿어지지 않거든 후원 불당 앞에 가서 내가 재 올린 것을 보아라."

수저는 흩어져 있고 향불 연기는 아직도 서려있었으며, 사발이며 대접의 설겆이도 아직 끝나지 않은 채 있었다. 익리에게서 이 말을 들은 나복은 감복했으나, 이웃 사람들로부터 거짓임을 알게 되었다.

"너희 어머니는 네가 집을 떠난 후 집에서 삼보시승을 몽둥이로 때려 쫓고, 또 네가 재 올리라고 두고 간 돈을 가지고 돼지, 양, 거위, 오리, 닭, 개 같은 것을 두루 사 모아서 잘 먹여 살찌게 해가지고, 양을 기둥에 잡아매고 피를 빼어 동이에 받으며, 돼지를 묶어놓고 몽둥이로 때려 끓는 물에 튀기니 그 비명 소리가 끊어지지 않았다. 또 배를 가르고 염통을 꺼내어 귀신에게 제사지내는 등 갖은 환락을 다했다."

이 말을 들은 나복이 몸을 던져 땅에 부딪치니 온 몸에서 피가 흘렀으며, 기절하여 땅에 쓰러진 채 오랫동안 깨어나지 못했다.

아들이 돌아온다는 말을 듣고 성 밖으로 그를 맞으러

나온 어머니는 아들이 땅에 쓰러진 채 일어나지 못하는 것을 보고 아들의 손을 잡고 말했다.

"너는 내가 맹세하는 말을 들어보아라. 내가 만일 네가 집을 떠나간 뒤로부터 날마다 네 아버지를 위해 5백승재를 올리지 않았다면, 이제 내가 집에 돌아가는대로 중병을 얻어 7일을 넘기지 못하고 죽어서 아비대지옥에 들어갈 것이다."

나복이 어머니의 맹세를 듣고 일어나 집으로 돌아갔는데, 그의 어머니는 갑자기 중병에 걸려 7일을 넘기지 못하고 죽고 말았다. 나복은 어머니의 산소에서 풀을 엮어 암자를 짓고 어머니의 무덤을 지키며 3년 동안 고행을 했다. 나복은 그 길로 기사굴산으로 향하여 부처님을 뵙고 아뢰었다.

"부처님이시여, 부모가 이미 다 돌아가시고 3년 복을 마쳤음에, 원컨대 부처님을 따라 출가하고자 합니다."

이 말을 들은 부처님께서는 설법을 하신 다음 아산을 보내어 나복의 머리와 수염을 깎게 한 다음, 부처님이 손수 나복의 이마를 만지며 수리를 주고 그의 이름을 고쳐 태목건련이라 하셨다.

목련은 기사굴산의 빈발라암에 이르러 33천을 관하다가 화락천궁에 이르러보니 그의 아버지는 하늘의 복을 받고 있으나 그 어머니는 볼 수가 없었다.

목련은 돌아와서 부처님께 아뢰었다.

"어머님께서 살아계실 때에 저를 보고 말씀하시기를, 날마다 5백승재를 올렸다고 했습니다. 그렇다면 죽어서 당연히 화락천궁에 태어날 것인데, 천궁에는 어머니가 보이지 않으니 지금 어디 계십니까?"

부처님은 목련에게 말했다.

"너희 어머니는 살아있을 때에 삼보를 믿지 않고 간탐하고 악을 쌓았기 때문에 죄를 지은 것이 마치 수미산과 같았다. 그래서 죽어 지옥 속으로 들어갔느니라."

이 말을 들은 목련은 너무도 슬퍼서 땅에 뒹굴며 목놓아 울다가 일어나 여러 지옥으로 어머니를 찾아 돌아다니기 시작했다.

목련은 중생들이 방가 속에서 몸이 천 토막으로 끊겨 피와 가죽이 어지러이 흩어져서 하루에도 만번씩이나 죽었다 깨어나는 지옥에 들렀고, 중생이 검수 끝에서 손으로 칼나무를 휘어잡을 때마다 몸의 백 마디가 모두 갈라지고 발로 칼날을 밟으면 사지가 모두 부쉬지는 검수지옥을 보기도 하고, 두 덩어리의 맷돌이 모든 죄인들을 갈아서 피와 살덩이가 흐트러지는 석합지옥을 보았다.

그러나 거기에는 어머니가 보이지 않았다. 목련은 다시 머리는 태산처럼 크고 배는 수미산처럼 부른데 목구멍은 바늘처럼 가늘어 걸어가게 되면 항상 5백대나 되는 수레가 부쉬지는 것같은 소리를 내는 아귀떼를 보는가 하면, 사람들이 잿물의 물결 속에 밀려다니며 불에 데어서 타고 있는 회하지옥을 지나 중생들이 끓고 있는 물에 삶아지는 확탕지옥을, 그리고 중생들이 머리에 불동이를 이고 있어 온 몸뚱이에 불이 활활 타오르는 화분지옥에 들려 물어보았으나 어머니는 없었다.

목련은 결국 어느 한 지옥에서 온 몸이 불에 활활 타고 있는 어머니를 만나게 되었다.

"내 사랑하는 아들아, 내 아들을 영영 보지 못할까 했더니 어떻게 오늘 아침에 공교롭게 이 지옥문 앞에서 만나게 되었단 말이냐. 이 어미는 옥중에서 벌을 받기가 몹시 괴롭다. 배가 고프면 쇠알을 먹고, 목이 마르면 구리물을 마시면서 지내왔다."

목련이 지옥 주인에게 말하기를

"내가 지옥 속에 들어가 어머니를 대신해서 죄를 받고자 합니다."

하니, 지옥 주인이 대답했다.

"스님의 어머니는 업력이 넓고 커서 서로 간여할 수가 없으니 이 지옥에서 나가게 되기를 원하거든 부처님께 고하는 수밖에 없습니다."

목련이 이 말을 듣고 발우를 던지고 하늘로 솟아 부처님 계신 곳으로 가서 여쭈었다.

"부처님이시여, 저의 어머니가 지금 지옥에서 죄를 받느라고 견디기 힘든 고통을 겪고 있습니다. 어떻게 해야 어머니를 구출해서 이 지옥을 벗어나게 할 수 있겠습니까?"

부처님이 대답했다.

"목련아, 내가 네 어머니를 구해주리라."

목련이 이 말을 듣고 다시 물었다.

"부처님이시여, 정말 구해주시겠습니까?"

"내가 만일 네 어머니를 구해내지 못하면 내가 오랜 겁 동안 지옥속으로 들어가서 네 어머니를 대신하여 죄를 받으리라."

미간에서 다섯 가지 색의 광명을 내어 그 빛으로 지옥을 깨뜨린 부처님은 목련에게 말했다.

"너의 어머니는 살아 생전의 죄의 뿌리가 깊고 무거워 업장이 다하지 못했으므로, 대지옥에서 나왔으나 다시 소흑암지옥으로 들어갔다. 모든 보살들이 재 올리고 남은 밥 한 발우를 네게 줄 것이니 지옥에 가서 어머니께 드려 보아라."

목련이 밥을 얻어 지옥으로 가니, 어머니가 밥을 보고 탐하는 마음을 고치지 못해서 왼손으로 밥을 움켜쥐고 오른손으로 사람을 막으면서 밥을 입속에 넣으니 전과같이 그 밥이 변하여 모진 불이 되었다.

목련이 부처에게 물었다.

"어떻게 하면 흑암지옥에서 벗어나겠습니까?"

부처님이 대답했다.

"너희 어머니를 흑암지옥에서 벗어나게 하려면 모든 보살을 청해다가 대승경전을 외우고 읽어야만 비로소 그 흑암지옥을 떠날 수가 있을 것이다."

이에 목련은 부처님의 말씀대로 모든 보살을 청해다가 대승경전을 외웠다.

그랬더니 목련의 어머니는 그 흑암지옥에서 나와 다시 아귀속에 태어나게 되었다.

목련이 다시 부처님께 여쭈었다.

"어머니께서 지옥속에 계신 지 오래되었사오니 어머니와 함께 항하수가에 가서 물을 마시고 몸을 씻어드릴까 합니다."

부처님이 대답했다.

"모든 부처들이 물을 마시면 그것은 마치 좋은 절과 같고, 모든 스님들이 물을 마시면 마치 단이슬같고, 십선인(十善人)이 물을 마시면 능히 목마름을 면할 것이다. 그러나 너의 어머니가 물을 마시면 그 물이 뱃속으로 흘러들어 가면서 모진 불로 변해서 창자를 태워 없애고 말 것이다."

목련이 또 부처님께 물었다.

"그러면 어떻게 해야 어머니가 아귀의 몸을 떠날 수 있겠습니까?"

부처님이 대답했다.

"모든 보살을 청해다가 마흔 아홉 개의 등에 불을 켜며, 많은 산 목숨을 놓아주고, 신번(信幡)을 만들어 놓으면 너의 어머니가 이 아귀를 면할 수 있을 것이다."

목련이 즉시 부처님 명령에 의하여 모든 보살을 청하여 마흔 아홉 개의 등을 켜고, 많은 생명을 놓아주며, 신번을 만들어서 어머니가 아귀의 몸을 떠나게 했다.

목련이 부처님께 아뢰었다.

"어머니께서는 아귀를 떠나 어느 곳에 태어나셨습니까?"

부처님께서 목련에게 말했다.

"너희 어머니가 비록 아귀의 세계를 벗어나긴 했으나 지금은 왕사성에 태어나 어미개가 되었느니라."

목련은 이 말을 듣고 발우를 가지고 왕사성으로 가서 그 개를 찾았다. 그 개는 목련을 보자 달려나와 목련의 허리를 껴안고 애태우면서 말했다.

"내가 네 어미이고 너는 내 아들이다."

목련은 어머니의 목소리를 듣고 물었다.

"어머니께서 이제 개의 몸이 되어 고생을 하시는데, 전에 지옥에서 받으시던 고통에 비하면 어떻습니까?"

"내가 앞으로 영영 개의 몸이 되어 더러운 것을 먹을지언정 나는 지옥이란 소리도 들릴까 두렵다."

목련이 부처님에게 물었다.

"어머니가 개의 신세가 되어 고생하고 있는데 어떻게 하면 개의 몸을 벗어나겠습니까?"

부처님이 대답했다.

"목련아, 칠월 보름날을 가려서 우란분재(지옥·아귀도에 떨어진 이를 구원하기 위하여 닦는 법)를 베풀면 어머니가 개의 몸을 떠날 수 있을 것이다. 7월 15일은 스님들이 해하(解夏)하는 날이다. 기쁨으로 한 곳에 모여서 너의 어머니를 건져내어 정토에 나게 할 것이다.”

목련은 즉시 우란분재를 베풀어 어머니를 개의 몸에서 떠나게 하고, 어머니가 부처님 앞에 나아가 오백계를 받게 했다. 그리고 빌었다.

“원컨대 어머니는 삿된 마음을 버리고 정토(淨土)로 돌아가옵소서.”

목련의 이 효심이 천한 어머니를 감동시켜 그를 영접해다가 도리천궁에 태어나게 하여 모든 즐거움을 받으며, 또 당시에 법을 설하여 중생들을 해탈하게 했다.

—『목건련경』에서—

6. 어머니의 마음을 상하게 할까 하여

문도공(文度公) 유천우(兪天遇)에게 아우가 있었는데 이름을 보(哺)라고 하였다. 그가 권신(權臣) 김인준(金仁俊)을 없애고자 하여 공에게 그 음모를 이야기하였으나 공이 응하지 않았다.

얼마 후 일을 거사하지 못한 채 발각되었다. 인준이 공에게

“알고 있었는가 ?”

라고 물으니 공은

“알고 있었다.”

고 대답하였다. 인준이 다시 묻기를

"알고서 말하지 않은 것은 분명히 그 음모에 참여한 것이요."

하자 공이 대답하기를

"고발해서 자신의 죄를 면할 것을 모르는 바 아니지만, 늙으신 어머니의 마음을 상하게 할까 하여서 못하였소."

라고 하였다.

인준이 말하기를

"전일 나의 아우 집에서 향연이 있을 때 홍시(紅柿)가 있었는데, 좌중에 있던 손(客)들이 다 그 맛이 좋은 것을 칭찬하였으나 공이 홀로 먹지 아니하므로 그 까닭을 물으니 말하기를, 어머니께 드리려 한다 하여, 내 전부터 공이 모친을 극진히 섬기는 줄을 알고 있었다."

라고 하면서 이에 연좌(連坐)시키지 않았다.

—『력옹패설(櫟翁稗說)』—

7. 어머님이 목에 걸려서

당(唐)나라 고종(高宗)이 어느 날 큰 잔치를 베풀었다. 식탁 위에는 많은 음식과 먹음직한 포도송이가 놓여있었는데, 시중(侍中)만은 포도에 손을 대지 않기에 고종이 이상히 여기며 물었다.

그러자 그는 대답하기를

"지금 병중에 계시는 어머니께서 포도를 원하시기에 사방으로 구했으나 얻지 못했는데 어떻게 제가 먼저 먹겠습니까"

라고 대답하였다.

왕은 그의 효심에 감복한 나머지 거기에 있던 포도를 모두 주며 그를 치하했다고 한다.

8. 어버이 은혜갚기 어려워

모든 사람들이 부모님의 은덕에 대한 부처님의 말씀을 듣고 몸을 일으켜 땅에 던지고 스스로 부딪쳐 몸의 털구멍마다 모든 피를 흘리며 기절하여 땅에 쓰러졌다. 한참 후에 깨어나서 큰 소리로 부르짖었다.

"괴롭고 슬퍼서 마음이 아픕니다. 우리들은 이제야 죄인임을 깊이 알게 되었습니다. 그동안은 아무것도 몰라서 깜깜하기가 마치 밤에 길을 걷는 것 같더니 이제 비로소 잘못된 것을 깨닫고 보니 심장과 쓸개가 모두 부숴지는 듯 싶었습니다. 부처님이시여, 바라옵건대 불쌍히 여기시어 구제해 주시옵소서. 어떻게 해야 부모님의 깊은 은혜를 갚겠습니까 ?"

이때 부처님께서는 여덟 가지의 깊고도 무거운 범음(梵音) 즉 맑고 깨끗한 음성(교법을 말씀하는 소리)으로 여러 사람들에게 말씀하셨다.

"너희들은 마땅히 알아야 할 것이다. 내가 이제 너희들을 위하여 분별해서 설명하리라.

가령 어떤 사람이 왼쪽 어깨에 아버지를 모시고 오른쪽 어깨에 어머니를 모시고, 피부가 닳아져 뼈에 이르고 뼈가 닳아져 골수에 미치도록 수미산을 백천번 돌더라도 오히려 부모님의 은혜는 갚을 수가 없느니라.

가령 어떤 사람이 굶주리는 흉년의 액운을 당해서 부모를 위하여 자기의 온 몸을 도려내어 티끌같이 잘게 갈아서 백천 겁이 지나도록 하여도 오히려 부모님의 깊은 은혜는 갚을 수 없느니라.

가령 어떤 사람이 잘 드는 칼로써 부모님을 위하여 자기의 눈동자를 도려내어 부처님께 바치기를 백천 겁이 지나도록 하여도 오히려 부모님의 깊은 은혜를 갚을 수 없느니라.

가령 어떤 사람이 부모님을 위하여 아주 잘 드는 칼로 그의 심장과 간을 베어서 피가 흘러 땅을 적셔도 아프다는 말을 하지 않고 괴로움을 참으며 백천 겁이 지난다하더라도 오히려 부모님의 깊은 은혜는 갚을 수 없느니라.

가령 어떤 사람이 부모님을 위하여 아주 잘 드는 칼로 자기의 몸을 찔러 칼날이 좌우로 드나들기를 백천 겁이 지나도록 하더라도 오히려 부모님의 깊은 은혜는 갚을 수가 없느니라.

가령 어떤 사람이 부모님을 위하여 몸을 심지로 삼아 불을 붙여서 부처님께 공양하기를 백천 겁이 지나도록 하더라도 오히려 부모의 깊은 은혜는 갚을 수 없느니라.

가령 어떤 사람이 부모님을 위하여 뼈를 부수고 골수를 꺼내며, 또는 백천 개의 칼과 창으로 몸을 쑤시기를 백천 겁이 지나도록 하여도 오히려 부모님의 은혜는 갚을 수가 없느니라.

가령 어떤 사람이 부모님을 위하여 뜨거운 무쇠 탄환을 삼켜 온 몸이 불타도록 하기를 백천 겁이 지나도록 하여도 오히려 부모님의 깊은 은혜는 갚을 수가 없느니라."

이때에 모든 사람들은 부처님께서 말씀하시는 부모님

의 깊은 은덕을 듣고 눈물을 흘리고 슬피 울면서 부처님
께 여쭈었다.

"부처님이시여, 저희들이 이제야 큰 죄인임을 알았습니
다. 어떻게 해야 부모님의 깊은 은혜를 갚을 수 있겠습
니까?"

부처님께서 제자들에게 말씀하시기를

"부모님의 은혜를 갚으려거든 부모님을 위하여 이 경을
쓰고, 부모님을 위하여 이 경을 독송하며, 부모님을 위
하여 죄와 허물을 참회하고, 부모님을 위하여 삼보를 공
경하고, 부모님을 위하여 재계(몸과 마음을 깨끗하게
함)를 받아 지니며, 부모님을 위하여 보시하고, 복을 닦
아야 하느니라. 만일 능히 이렇게 하면 효도하고 순종하
는 자식이라 할 것이요, 이렇지 못한다면 이는 지옥에
떨어질 사람이니라."

―『부모은중경(父母恩重經)』―

9. 외아들을 제물로 바친 아브라함

하느님이 아브라함을 시험하시려고 그를 부르시되 아
브라함아 하시니 그가 가로되 내가 여기 있나이다.

여호와께서 가라사대 네 아들 네 사랑하는 독자 이삭을
데리고 모리아 땅으로 가서 내가 네게 지시하는 한 산에
서 그를 번제로 드리라.

아브라함이 아침에 일찍이 일어나 나귀에 안장을 지우
고 두 사환과 그 아들 이삭을 데리고 번제에 쓸 나무를

쪼개어 가지고 떠나 하느님이 자기에게 지시하시는 곳으
로 가더니 제 삼일에 아브라함이 눈을 들어 그곳을 멀리
바라본지라.

이에 아브라함이 사환에게 이르되 너희는 나귀와 함께
여기서 기다리라.

내가 아이와 함께 저기 가서 경배하고 너희에게로 돌아
오리라 하고 아브라함이 이에 번제 나무를 취하여 그 아
들 이삭에게 지우고 자기는 불과 칼을 손에 들고 두 사
람이 동행하더니 이삭이 그 아비 아브라함에게 말하여
가로되 내 아버지여 하니 그가 가로되 내 아들아 내가
여기 있노라.

이삭이 가로되 불과 나무는 있거니와 번제할 어린 양은
어디 있나이까. 아브라함이 가로되 아들아 번제할 어린
양은 하느님이 자기를 위하여 친히 준비하시리라 하고
두 사람이 함께 나아가서 하느님이 그에게 지시하신 곳
에 이른지라.

이에 아브라함이 그곳에 단을 쌓고 나무를 벌여 놓고
그 아들 이삭을 결박하여 단 나무 위에 놓고 손을 내밀
어 칼을 잡고 그 아들을 잡으려 하더니 여호와의 사자가
하늘에서부터 그를 불러 가라사대 아브라함아 아브라함
아 하시는지라.

아브라함이 가로되 내가 여기 있나이다. 하매 사자가
가라사대 그 아이에게 네 손을 대지 말라. 아무 일도 그
에게 하지 말라. 네가 네 아들, 네 독자라도 내게 아끼
지 아니하였으니 내가 이제야 네가 하느님을 경외하는
줄을 아노라.

이 글은 성경 창세기 22장 1절부터 12절까지의 기록

이다. 이삭은 아브라함의 아내인 사라가 백세나 된 늘그
막에 난 아들이었다. 그 외아들 하나 있는 것을 잡아서
바치라고 하니 얼마나 어려운 일인가. 그 어려운 일을,
그 할 수 없는 일을 하기 위해서 이삭을 번제드리는 것
이었다.

　아브라함은 하느님의 말씀에 순종했고, 이삭은 아버지
아브라함의 뜻에 순종했다. 아브라함이 칼을 들고 이삭
을 잡으려 하는 순간, 이삭은 성별된 것이었다.

　아브라함이 하느님의 명령에 순종하지 않았거나, 이삭
이 아버지 아브라함의 뜻에 순종하지 않았다면 번제가
될 수도 없거니와 효자가 될 수 없다.

　칼을 들고 자기를 잡으려는 아버지의 뜻을 따라 순종했
다는 얘기는 벌써 아버지와 자식 사이에 뗄레야 뗄 수
없는 신앙의 일체가 이루어진 것이다.

　하느님의 명령대로 실천하는 아브라함이나 아브라함의
뜻에 순종한 이삭은 바로 그 아버지의 그 자식으로서 순
종의 미덕을 지닌 효순(孝順)의 극치라 할 수 있다.

IO. 충신이 되기 전에 효자가 되어야

　충신이 되기 전에 효자가 되어야 하고, 효자가 되기 전
에 참다운 형제를 놓고 자랑할 수 있는 식구가 되어야
한다. 효자란 어떻게 하는 것이 효자인가.

　옛날에 남자와 여자가 결혼해서 부부가 되어 가정을 이
루고 부모에 효도하던 이상의 효도를 하여야 한다. 결혼

하기 전에는 진정한 효자 효녀가 되지 못한다. 진정한 효자 효녀는 결혼을 하고 나서야 될 수 있다.

결혼하여 부부를 이루어서 그 부모 앞에 남편의 효성에 아내의 효성을 플러스시켜 둘이서 부모를 받드는 효성의 터전을 갖추어야 참된 효도관이 성립될 수 있다.

충신도 혼자서 되는 것이 아니다. 가정을 이룬 부부라야 충신이 될 수 있다. 부모는 자식을 위해서 생명까지 주었다. 자식도 부모를 위해서 생명까지 바쳐야 한다. 생명이 사랑에서 생겨났으니 본질적 사랑 앞에 생명선을 희생하고 가는 것이 이론적인 결론이다.

─『축복과 이상가정』─

II. 귀감이 된 효행

채옹(蔡邕)은 천성이 매우 인자하여 부모에 대한 효성이 지극했다. 그의 어머니가 3년동안 병을 앓았다. 그동안에 더우나 추우나 그는 한번도 옷을 벗은 적이 없고 잠도 거의 자지 않았다.

그리고 어머니가 사망해서는 그 무덤앞에서 막을 얽고 거기서 침식을 했다. 어머니의 사후(死後)라고 하여 조금도 태도가 변하지 않았던 것이다. 때로는 토끼가 곁에 와서 두려운 생각 없이 뛰어다녔다.

또 연리지(連理枝)의 나무가 생겼다. 많은 사람들은 신기하게 여기고 찾아와 구경을 했다.

─『후한서 채옹전(後漢書 蔡邕傳)』─

12. 효자 곽거에게 내린 선물

후한 시대의 곽거(郭巨)는 몹시 가난했다. 가족은 연로한 모친과 아내, 그리고 세 살짜리 아이까지 넷이었다.

곽거의 노모는 자라나는 아이에게 배고프지 않게 하려고 자신의 몫을 손자에게 주곤 하였다. 곽거는 그것이 마음에 걸려 괴로웠다.

"차라리 아이를 구덩이에 묻어 버리고 말자. 자식은 다시 낳을 수 있지만 부모는 다시 얻을 수 없으니까…"

이러한 생각을 하면서 뒤뜰에 구덩이를 파기 시작하는데, 두어 자 가량 파들어갔을 때 땅속에서 덜거덕 하는 소리가 났다. 이상하게 생각되어 조심스럽게 파보았더니 큰 금솥이었다. 그 솥에는 이런 글이 새겨져 있었다.

'효자 곽거에게 하늘이 내리는 것이다. 누구도 빼앗을 수 없느니라.'

—『후한서(後漢書)』—

13. 새 한 마리가 효자와 함께 울었다

효자 박태성(朴泰星)의 조상은 밀양(密陽) 사람이다.

어려서 서울에서 살 적에는 서울 사람들이 박효자라고

불렀고, 늙어서 고양(高陽)의 청담(淸潭)에 살 적에는 청
담 사람들이 그가 사는 동리를 효자동이라고 하였다.

박효자가 난 지 세 살 되던 해 아버지가 세상을 떠났다.

나이가 조금 들자 박효자는 꿇어앉아 어머니에게 고하였다.

"살아계실 때에는 얼굴을 우러러 뵙지 못하였고 돌아가
셨을 때는 직접 상을 치르지 못했으니, 어디에 저의 사모
하는 정을 바치겠습니까? 소자는 추복(追服)을 하고 싶습
니다."

이에 어머니가 어렵게 여기며 말하였다.

"네 아버지께서는 불행히도 일찍 돌아가셨다. 내가 이렇
게 구차하게 사는 것은 네가 있기 때문이란다. 이미 돌아
가신 분을 위해 죽는 것과 산 사람을 위해 사는 것 중에
서 너는 어느 쪽이 낫다고 생각하느냐? 다행히 네가 장성
하여 훌륭한 사람이 된다면 살아 있는 내가 돌아가신 분
께 할 말이 있을 뿐 아니라 돌아가신 분도 돌아가신 게
아니란다."

박효자는 눈물을 흘리며 어머니 말씀에 순종하여 감히
추복은 하려고 하지 않았다. 그러나 3년 동안 고기반찬을
먹지 않고 죽만 먹기를 원하므로 어머니도 다시 구태여
말리지 않았다.

언젠가 어머니가 병을 앓자 효자는 옷의 띠를 풀지 않
고 병구완을 하였다. 죽은 꼭 자신이 직접 쑤었고, 약은
언제나 먼저 맛보았다. 평생 재물을 남몰래 여투어 두는
법이 없었고, 쓸 일이 있어도 무계획하게 쓰지 않았다. 일
이 있으면 꼭 어머니께 여쭈어 본 뒤에 행하였다.

어머니를 봉양한 지 46년 만에 어머니가 세상을 떴다.

어머니가 세상을 뜬 지 17년이 되는 해가 되었는데 이
해는 아버지가 세상을 뜬 해였다. 박효자는 아버지의 묘를

찾아가 처음 상(喪)이 났을 때처럼 상복과 지팡이 등을 갖추고 땅을 치며 곡하였다.

그리고 산 아래에 여막을 짓고 날마다 두 번 무덤에 올라가 슬피 호곡(號哭)하곤 했는데, 바람이 몰아치고 눈이 쏟아지는 날에도 그만 두는 법이 없었다.

좁은 산길에는 험한 바위가 많은데다 계곡물이 사납게 흐르고 숲이 빽빽히 우거져 도무지 사람의 자취가 드물었고 맹수의 발자국이 길에 가득했지만, 그는 그 곳에서 태연히 지냈다.

서리내리는 새벽, 달마저 어두운데 자기 그림자를 벗삼아 홀로 숙연히 걸어가면 귀신조차 감히 그에게 집적대지 못했다.

새 한 마리가 효자와 함께 울곤 했는데 늘 한 장소에서 맴돌았다. 효자가 소리를 내어 곡하고 울면 새도 따라서 울었고, 곡을 그치면 새 또한 울음을 그쳤다. 그 새는 메추라기 비슷하게 생겼고, 색깔은 비둘기 같았는데, 사람들이 끝내 무슨 새인지 이름을 알지 못했다.

이사천과 조각로가 이 이야기를 듣고 「이조시(異鳥詩)」를 지었다.

청담에서 농사를 짓고 사는 손씨 형제 세 사람이 묘제(墓祭)를 올리고 양지 쪽에서 깜빡 잠이 들었는데, 꿈에 백발이 성성한 노인이 나타나

"일어나거라, 일어나거라. 박효자 곁에 아무도 없게 하지 말아라."

하며, 지팡이로 등을 내리 쳤다.

잠을 깼더니 등에 은은한 통증이 남아 있었다.

세 사람이 그 꿈 이야기를 하는데 한결같이 똑같은 꿈을 꾸었는지라 허둥지둥 달려가 보았다. 그래서 효자가 비

로소 아침밥을 먹을 수 있었다.

대상(大祥)이 되자 박효자는 자식들에게 말하였다.

"나는 집으로 돌아가지 않겠다. 무덤 곁에서 죽을 때까지 지내련다."

이에 어떤 사람은 집을 옮겨 그를 따라갔는데, 4년이 지나자 마을 하나가 생겼다. 관찰사가 그를 불러 휘하에 두고자 하였으나 효자가 굳이 사양하자 관찰사가 의롭게 여겨 그의 뜻을 따랐다.

그 때는 성상〔영조〕께서 즉위하신 지 21년이 되는 해였는데, 세상을 효(孝)로 다스리고자 하는 뜻이 돈독하시어 팔도(八道)의 군현(郡縣)으로 하여금 초야(草野)에서 절행(節行)이 뛰어난 사람을 찾아내게 하였다.

고양군수(高陽郡守)였던 내〔이맹휴(李孟休). 1713~?. 이익(李瀷)의 아들〕가 박효자를 조정에 보고하였더니, 그 마을에 정문(旌門)을 내릴 것을 명하였다.

효자가 깜짝 놀라 감히 받을 수 없다고 하니, 어떤 사람이 "임금의 명이라 어길 수 없다."며 깨우쳐 주었다. 그래서 같은 마을의 자제들이 힘을 합쳐 정문을 세우고 '효자 박태성의 문'이라고 하였으니, 아아! 아름답도다.

찬하노라.

"내가 이군(李君) 인석(寅錫)에게 이런 이야기를 들었다. 효자의 며느리 친정 집안은 재산이 넉넉하였다. 송사 벌이기를 좋아하는 자가 있어 재산 문제로 소송을 걸자 관에서 공정하게 판결해 주었는데, 박효자도 그 재산을 나누는 일에 한몫 끼게 되었다. 그러나 그는 떳떳한 방법으로 얻은 것이 아님을 부끄럽게 여겨 거절하고 받지 않았다. 효자는 몹시 빈궁하여 누더기 베옷이 허리조차 가릴 수 없었으나 몸가짐을 정결히 하고 조행(操行 : 자신을 지키는 것)에 힘쓰는 것이 이와 같았다. 선비는 재물에 대해 청렴한 뒤라야 온갖 일을 할 수 있다고 하였다. 하지만 이 사람이 어찌 명예를 탐낸 사람이겠는가?

주부자(朱夫子 : 송(宋)의 유학자 주희(朱熹))는 이르기를 '추복은 그 뜻이 또한 후한 데 가깝다.' 하였다. 예(禮)에 꼭 들어 맞는다고 하지 않고 '후한 데 가깝다' 한 것은 그것이 후세의 가르침이 될 수 없기 때문이다. 후세의 가르침이 될 수 없다고 한 것은 사람들이 능히 그에 미치지 못하기 때문인데, 효자는 그렇게 할 수 있었던 것이다."

-『이향견문록(里鄕見聞錄)』-

번호 · 제목	역자 · 정보	설명
16. 효경	박명용 · 황송문 역 ●232쪽/6,000원	효도의 개념을 정립한 것. 공자의 제자인 증자(曾子)는 효도의 마음가짐이 뛰어났다. 이 점을 간파한 공자가 증자에게 효도에 관한 언행을 전하여 기록하게 한 효의 이론서이다. 〈완역〉
17. 한비자	노재욱 · 조강환 역 ● 상 · 하/각 15,000원	약육강식이 횡행하던 춘추전국시대에 순자의 성악설(性惡說)을 사상적 배경으로 받아들여 법의 절대주의를 역설하였다. 법 위주의 냉엄한 철학으로 이루어졌다. 〈완역〉
18. 근사록 상 · 하	정영호 해역 ●424쪽/8,000원	내 삶의 지팡이. 송(宋)나라의 논어(論語)라 일컬어진 『근사록』은 송나라 성리학(性理學)을 집대성한 유학의 진수이다. 높은 차원의 철학적 사상과 학문이 쉽고 짧은 문장으로 다루어졌다. 〈완역〉
19. 포박자	갈홍 저/장영창 역 ●280쪽/8,000원	불로장생(不老長生), 이것은 모든 인간의 소망이며 기원의 대상이다. 인간은 죽음을 초월할 수 있는가? 불로불사(不老不死)의 약은 있는가? 등등. 인간들이 궁금해 하는 사연들이 조명되었다.
20. 여씨춘추	정영호●12기/10,000원●8람/12,000원●6론/4,000원	여불위가 3천여 학자와 이룩한 사론서(史論書)로 유가 · 도가 · 묵가 · 병가 · 명가 등의 설을 취함. '12기(紀), 8람(覽), 6론(論)'으로 나뉘어 선진(先秦)시대의 학설과 사상을 총망라해 다룬 백과전서. 〈완역〉
21. 고승전 12기 8람 6론	혜교 저/유월탄 역 ●288쪽/8,000원	중국대륙에 불교가 들어 오면서 불가(佛家)의 오묘 불가사의한 행적들과 중국으로 전파되는 전도과정에서의 수난과 고통, 수도과정에서 보여주는 고승들의 행적 등을 기록한 기록문.
22. 한문입문	최형주 해역 ●232쪽/5,000 원	조선시대의 유치원 교육서라고 하는 천자문, 이천자문, 사자소학, 계몽편, 동몽선습이 수록됨. 또 관혼상제 등과 가족의 호칭법 등이 나열되고 간단한 제상차리는 법 등이 요약되었다. 〈완역〉
23. 열녀전	유향 저/박양숙 역 ●416쪽/7,000원	역사에 큰 발자취를 남긴 89명의 여인들을 다룬 여성의 전기이다. 총 7권으로 구성되었으며 옛여성들이 지킨 도덕관을 한 눈에 볼 수 있는 교양서. 〈완역〉
24. 육도삼략	조강환 해역 ●296쪽/8,000원	병법학의 최고봉인 무경칠서(武經七書) 가운데 두 가지의 책으로 3군을 지휘하고 국가를 방위하는데 필요한 저서이다. 『육도』와 『삼략』의 두 권이 하나로 합한 것이다. 〈완역〉
25. 주역참동계	최형주 해역 ●272쪽/10,000원	『주역참동계(周易參同契)』란 주나라의 역(易)이 노자의 도(道)와 연단술(練丹術)과 서로 섞여 통하며 『주역』과 연단은 음양을 벗어나지 못하며 노자의 도는 음양이 합치된다고 하였다. 〈완역〉
26. 한서예문지	이세열 해역 ●328쪽/7,000원	반고(班固)가 찬한 『한서(漢書)』 제30권에 들어 있는 동양고전의 서지학(書誌學)의 대사전이다. 한(漢)나라 이전의 모든 고전을 일목요연하게 볼 수 있는 서지학의 원조이다. 〈완역〉
27. 대대례	박양숙 해역 ●344쪽/8,000원	『대대례』의 정식 명칭은 『대대예기』이며 한(漢)나라 대덕(戴德)이 편찬한 저서로 공자(孔子)와 그의 제자들이 예에 관한 기록의 131편을 수집하여 집대성한 것이다. 〈완역〉
28. 열자	유평수 해역 ●304쪽/7,000원	『열자』의 학문은 황제(黃帝)와 노자(老子)에 근본을 삼았고 열자 자신을 호칭하여 도가(道家)의 중시조라고 했다. 『열자』는 내용이 재미가 있고 어렵지 않은 것이 특징이다. 〈완역〉
29. 법언	양웅 저 / 최형주 역 ●312쪽/7,000원	전한(前漢)시대 사마상여(司馬相如)의 영향을 받아 대문장가가 된 양웅(楊雄)의 문집이다. 양웅은 오로지 저술에 의해 이름을 남기고자 힘써 저술에 전념하였다. 〈완역〉
30. 산해경	최형주 해역 ●408쪽/10,000원	『산해경(山海經)』은 문학 · 사학 · 신화학 · 지리학 · 민속학 · 인류학 · 종교학 · 생물학 · 광물학 · 자원학 등 제반 분야를 총망라한 동양 최고의 기서(奇書)이며 박물지(博物志)이다. 〈완역〉
31. 고사성어	송기섭 지음 ●304쪽/7,000원	일상생활에서 많이 쓰이는 중심되는 125개의 고사성어가 생기게 된 유래를 밝히고 1,000여개 고사성어의 유사언어와 반대되는 말, 속어, 준말, 자해(字解) 등을 자세하게 실어 이해를 도왔다.
32. 명심보감 · 격몽요결	박양숙 해역 ●280쪽/6,000원	인간 기본 소양의 명심보감과 공부하는 지침을 가르쳐 주는 격몽요결, 학교의 운영과 학생들의 행동에 대한 모범안을 보여주는 율곡 이이(李珥) 선생의 학교모범으로 이루어졌다. 〈완역〉

<table>
<tr><td>인지
생략</td></tr>
</table>

동양학총서〔16〕

효경(孝經)

초판발행　1993년 7월 30일
개정판발행　2003년 8월 30일

해역자 : 박명용 · 황송문
펴낸이 : 이준영

회장 · 유태전
사장 · 백상태
주간 · 김창완 / 편집 · 홍윤정 / 교정 · 강화진
조판 · 태광문화 / 인쇄 · 천광인쇄 / 제본 · 기성제책 / 유통 · 문화유통북스

펴낸곳 : 자유문고
서울 영등포구 문래동6가 56-1 미주프라자 B-102호
전화 · 2637-8988 · 2676-9759 / FAX · 2676-9759
홈페이지 : http://www.jayumungo.com
e-mail : jayumg@hanmail.net
등록 · 제2-93호(1979. 12. 31)

정가 6,000원

※잘못 만들어진 책은 구입하신 서점에서 바꿔드립니다.

ISBN 89-7030-058-9 04140
ISBN 89-7030-000-7 (세트)